Filhos atípicos mães excepcionais e o AMOR DE DEUS

Publicações Pão Diário

Filhos atípicos mães excepcionais e o AMOR DE DEUS

Organizado por:
Ana Paula El Ajouri
Fabiana Nathalie
Grace Barbosa

A lista completa de autoras encontra-se ao final do livro.

Coordenação editorial: Adolfo A. Hickmann
Revisão: Marília P. Lara, Lozane Winter, Jordânia A. Siqueira
Coordenação gráfica e capa: Audrey Novac Ribeiro
Diagramação: Audrey Novac Ribeiro

Dados Internacionais de Catalogação na Publicação (CIP)

NATHALIE, Fabiana. EL AJOURI, Ana Paula. BARBOSA, Grace (orgs.)
Filhos atípicos, mães excepcionais e o amor de Deus
Curitiba/PR, Ministérios Pão Diário
1. Maternidade 3. Igreja 5. Maternidade atípica
2. Pessoa com deficiência 4. Inclusão

Publicações Pão Diário
Caixa Postal 9740
82620-981 Curitiba/PR, Brasil
publicacoes@paodiario.org
www.publicacoespaodiario.com.br
Telefone: (41) 3257-4028

Código: HW582
ISBN: 978-65-5350-535-3

1.ª edição: 2024 | 2.ª impressão: 2025

Impresso no Brasil

Sumário

Apresentação

O livro *Filhos atípicos, mães excepcionais e o amor de Deus* foi escrito por mulheres que convivem com a realidade da deficiência em seus lares. Nestas páginas, elas compartilham os desafios e as vitórias, em suas experiências familiares, que envolvem o cuidar de seus filhos que apresentam algum tipo de deficiência ou doença rara.

Esta coletânea de 30 reflexões fala sobre o papel fundamental da fé em Deus no lidar com os desafios da maternidade atípica, as alegrias e as angústias diante das demandas diárias na busca constante por uma melhor qualidade de vida aos seus filhos "incomuns". Cada história aqui é única, mas há pontos de contato entre todas elas: a atipicidade dos filhos que os tornam protagonistas delas e a fé como o suporte imprescindível para seguirem adiante.

Essas mães atípicas, valentes e mais fortes do que pensavam ser, derramam o coração nestas páginas, por meio de seus testemunhos, compartilhando sobre suas batalhas com tratamento e terapias, e embates contra o preconceito e julgamentos por conta da atipicidade de seus filhos. Isso inclui, por vezes, um cenário caótico, mas também momentos de celebração por cada avanço, mesmo aparentemente pequeno, no quadro de desenvolvimento de seus filhos.

Nestas reflexões, juntamente com o complexo cenário dessa realidade, elas trazem palavras de alento e encorajamento a todas as mães que passam pela mesma situação. Elas indicam o caminho para a Fonte da qual usufruem para renovar suas forças e se sentirem aceitas, compreendidas e amadas. Essa Fonte é o Deus Todo-poderoso que nunca as abandonou e jamais falhou com elas.

Se você se sente sozinha em sua jornada pela maternidade atípica, o objetivo deste livro é lembrá-la que a sua família é preciosa como ela é, e você é vista e tem grande valor perante os olhos de Deus. Que você possa depositar toda a sua confiança no Senhor e encontrar nele todo o encorajamento, bem como os recursos emocionais e espirituais dos quais necessita, para cumprir a nobre tarefa de ser uma mãe excepcional.

dos editores de Pão Diário

O cuidado do Senhor não falha

Pode a mãe esquecer o bebê que mama, abandonar o filho que deu à luz? Pois, mesmo que as mães esqueçam, eu nunca esquecerei de você. Nunca!

ISAÍAS 49:15 (VERSÃO A MENSAGEM)

Certa vez, uma amiga voltava de um culto à noite, quando percebeu que o tanque do seu carro estava vazio. O marido tinha esquecido de abastecer, conforme tinham combinado antes. Ela estava sozinha, longe de casa, tarde da noite, sem nenhum posto de gasolina próximo.

Sua primeira reação foi ficar brava (e muito) com o marido. Quando ela o encontrasse, falaria poucas e boas para ele. Afinal, ele tinha cometido uma grande falha. Depois de algum tempo, ela orou: "Senhor, não me deixe ficar parada aqui, sozinha". E continuou dirigindo por mais alguns quilômetros até que finalmente encontrou um posto de gasolina.

Pediu para o frentista encher o tanque. Quando terminou, ele falou: "Senhora, como você conseguiu chegar aqui com seu carro? Seu tanque estava completamente vazio! Foi um milagre". Naquele momento, a raiva do marido já tinha passado, e ela foi para casa agradecendo e louvando a Deus pelo livramento.

Assim como minha amiga, muitas vezes, as famílias atípicas vivem situações dolorosas devido a falhas e erros de outros. São escolas que se negam a receber crianças com deficiência ou que não buscam a inclusão, são familiares que se afastam por preconceito, são direitos negados por autoridades, são convites para festinhas e passeios que nunca chegam, entre tantos outros desafios. Inclusive, até mesmo alguns pais e mães são capazes de abandonar seus próprios filhos atípicos.

Em meio a tantas dificuldades, a boa notícia é que o nosso Deus não fica alheio a essas situações. Há centenas de anos, por intermédio do profeta Isaías, o Senhor nos deixou esta linda promessa: "Pode a mãe esquecer o bebê que mama, abandonar o filho que deu à luz? Pois, mesmo que as mães esqueçam, eu nunca esquecerei de você. Nunca! (ISAIAS 49:15, A MENSAGEM). Nesse versículo, Deus alerta que escolas, governos, amigos, parentes e até mesmo uma mãe podem falhar conosco, com ou sem intenção. Porém Ele nunca falhará conosco. Ele nunca nos abandonará. Ele nunca nos esquecerá.

Que grande promessa! Em um mundo repleto de pessoas imperfeitas e pecadoras como você e eu, temos um Deus que não nos abandona. Ele cuida de todos, especialmente dos mais vulneráveis. Muitas vezes, filhos atípicos são tão dependentes de suas famílias quanto um bebezinho, que precisa do cuidado e do leite da mãe para sobreviver.

Desde o nascimento da nossa filha Raquel (com Síndrome de Down, hoje referida como T21), há nove anos, conseguimos ver claramente como o cuidado de Deus com a vida dela não falha. A descoberta da síndrome aconteceu somente após seu nascimento, pois os exames do pré-natal não identificaram alteração alguma. Ela nasceu prematura, de 35 semanas, com 1,6 kg. Com seis meses, enfrentou uma delicada cirurgia cardíaca, com diversas intercorrências. Aos 4 anos, superou uma grave pneumonia, diagnosticada tardiamente por falha médica.

Os desafios foram e têm sido grandes no dia a dia dela, e no nosso também. Porém Deus tem nos concedido vitória, e ela tem crescido em estatura, sabedoria e graça no amor de Jesus.

Todos nós, em alguma medida, falhamos ou falharemos com o nosso próximo. O Único que nunca falha, em Seu amor e cuidado, é o nosso Senhor Deus, que está atento ao que nos acontece e está sempre pronto para nos ajudar.

Carla, mãe da Raquel

Para refletir

Você já foi prejudicada pela falha de outra pessoa ou instituição? Que sentimentos isso trouxe?

Saber que Deus promete nunca esquecer dos Seus filhos traz novo ânimo a você?

Como você pode buscar a companhia de Deus hoje?

Senhor Deus, louvo-te porque nada passa despercebido a Teus olhos. Agradeço-te pelo Teu tão grande amor e cuidado. Obrigada porque, mesmo quando pessoas falham conosco, o Senhor nunca falha. Tu estás sempre atento às nossas necessidades e não nos desamparas. Quero te buscar todos os dias para que a nossa família viva cada vez mais próxima de ti. Em nome de Jesus, amém!

Cantem, ó céus! Alegre-se, ó terra!
Irrompam em cânticos, ó montes! Pois o
SENHOR consolou seu povo e terá compaixão
dele em meio ao sofrimento.

Sião, porém, diz: "O SENHOR nos abandonou,
o Senhor se esqueceu de nós".

"Pode a mãe se esquecer do filho que ainda mama?
Pode deixar de sentir amor pelo filho
que ela deu à luz? Mesmo que isso fosse possível,
eu não me esqueceria de vocês!

ISAÍAS 49:13-15

Palavras que curam

Enquanto caminhava, Jesus viu um homem cego de nascença. Seus discípulos perguntaram: "Rabi, por que este homem nasceu cego? Foi por causa de seus próprios pecados ou dos pecados de seus pais?". Jesus respondeu: "Nem uma coisa nem outra. Isso aconteceu para que o poder de Deus se manifestasse nele". JOÃO 9:1-3

Certa vez, Jesus estava com Seus discípulos em Jerusalém. A cidade estava cheia de gente reunida para a Festa das Cabanas. Lá, no meio da multidão, passaram por um homem cego, e os discípulos começaram a fazer perguntas do tipo: "Por que esse homem é assim?"; "De quem é a culpa de ele ter nascido cego?"; "Isso é um castigo por ele ter pecado, ou por algum dos pais dele?". Então, o Senhor respondeu: "Nem uma coisa nem outra. Isso aconteceu para que o poder de Deus se manifestasse nele".

Sabemos que, na época de Jesus, qualquer pessoa com algum tipo de deficiência era discriminada e rejeitada pela sociedade. Infelizmente, ela era deixada de lado e, muitas vezes, recebia palavras de acusação, como na história relatada em João 9. Diziam que a pessoa tinha nascido com deficiência por conta de algum pecado, ou era considerado impuro e não tinha o direito de viver em sociedade. Devido a isso, as pessoas com deficiência viviam como indigentes. Mas Jesus Cristo veio para quebrar todos esses paradigmas e preconceitos que o ser humano carrega em seu coração.

Posso dizer que minha filha Jaqueline, que nasceu com paralisia cerebral, e eu vivemos algo muito semelhante à história desse homem cego narrada na Bíblia. Certa ocasião, quando a Jaque tinha apenas 8 anos, ela e eu fomos a um evento. Ao chegar no local, fui surpreendida com uma palavra maldita. A pessoa olhou para mim, com a minha filha no colo, e disse: "Nossa, essa mulher deve ter cometido um pecado muito grave, para receber um castigo desses!".

Em sua caminhada nesta vida, você já deve ter ouvido alguma palavra que veio como uma flecha do diabo, algo tão cruel que deixou a impressão de ter a intenção de destruí-la, acabar com os seus sonhos, não é mesmo? Sei que as palavras têm o poder de promover vida ou morte nas pessoas. Ao voltar para casa naquele dia, entrei no meu quarto e pedi uma palavra para Deus, pois estava muito angustiada com o que tinha ouvido. Quando abri a Bíblia, encontrei imediatamente esse texto de João 9. Uau! Glória a Deus! O Senhor me respondeu. Ele não apenas acalmou o meu aflito coração de mãe, mas também confirmou mais uma vez o grande propósito que o Senhor Jesus tem por meio da vida da Jaque.

Hoje, a minha filha (já adulta) é uma adoradora, está cumprindo o propósito e a vocação de Deus para a sua vida, levando a mensagem do Senhor e alcançando vidas para o Reino de Deus. A vida dela demonstra o poder de Deus, e, quaisquer que sejam as palavras direcionadas a ela ou a mim, hoje sou uma mãe realizada em Jesus.

Caro leitor, todos nós que temos filhos com deficiência, não importa qual seja o diagnóstico deles, temos um grande desafio diário nos cuidados para com eles. Além disso, ainda temos que lidar com o preconceito e palavras mal ditas. Entretanto, quero deixar um alento para você: independentemente das palavras que você já ouviu, que podem ter lhe causado dor ou sofrimento, lembre-se de que a última palavra para a sua vida e para a sua família sempre será a Palavra de Deus. Pois ela é a verdade absoluta, imutável, e se sobrepõe a qualquer palavra humana direcionada à sua vida.

Maria Nilsen, mãe da Jaqueline

Para refletir

Você recebeu mais palavras malditas ou benditas em relação a seu filho atípico?

____

____

____

____

Saber que Jesus não relacionou a deficiência daquele homem a pecados de seus pais muda algo em seu coração?

____

____

____

____

Quais palavras abençoadoras você reafirmará na próxima vez que receber palavras cruéis ou insensíveis?

____

____

____

Deus Pai, agradeço-te por Tua santa Palavra, que é consolo para o nosso coração. Sabemos que Tu, Senhor, criaste cada um de nós com um propósito específico. Não somos um erro e nem fruto de algum pecado. Somos filhos de um Deus que nos ama infinitamente. Que cada pessoa ao ler esse devocional seja tocada pelo Teu Santo Espírito e tenha a sua vida transformada pelo poder da Tua Palavra. Em nome de Jesus, amém.

Eu vim para lhes dar vida, uma vida plena, que satisfaz. [...] Eu sou o bom pastor. Conheço minhas ovelhas, e elas me conhecem, assim como meu Pai me conhece e eu o conheço; e eu sacrifico minha vida pelas ovelhas. [...] Minhas ovelhas ouvem a minha voz; eu as conheço, e elas me seguem.

JOÃO 10:10,14-15,27

Filho atípico, propósito divino

Louvado seja Deus, Pai de nosso Senhor Jesus Cristo, Pai misericordioso e Deus de todo encorajamento. Ele nos encoraja em todas as nossas aflições, para que, com o encorajamento que recebemos de Deus, possamos encorajar outros quando eles passarem por aflições. 2 CORÍNTIOS 1:3-4

Quando eu me casei, aos 21 anos, estava desempregada, e meu marido estava terminando a faculdade e era estagiário. Contudo, nos casamos com a promessa de que Deus nos sustentaria, e assim tem sido até aqui. Com 5 anos de casados, fomos abençoados com a aprovação em um concurso, saí de um trabalho que me oprimia e parecíamos estar vivendo um sonho. Fazíamos parte de uma igreja acolhedora, tínhamos novos amigos, mas começamos a sentir que nos faltava algo.

Lembro-me de orar pedindo a Deus por um filho e um ministério no qual eu pudesse ser útil, afinal meu marido sempre serviu na igreja na área de música. Vivemos um período de espera, sob a incerteza se Deus nos daria filhos. Após 9 anos casados e 3 anos orando (apesar do diagnóstico de infertilidade), nosso milagre chegou.

João foi um filho muito aguardado, vivemos intensamente sua espera e aproveitamos muito cada momento com ele. Tudo corria conforme o esperado, exceto pela aspecto da fala. Em

3 anos, consultamos sete pediatras diferentes, fomos fielmente às consultas, e todos nos garantiram que não havia motivos para preocupação.

Aos 3 anos, João foi para a escola. Embora ele fosse verbal (já que conseguia pronunciar palavras), não tinha uma fala funcional. Após o período de adaptação, a psicóloga escolar nos solicitou uma avaliação, pontuando as dificuldades dele no ambiente escolar. A princípio, houve uma resistência de nossa parte ao ouvirmos críticas ao nosso filho, mas ainda assim o levamos à psicóloga e à fonoaudióloga.

Por conta disso, foi necessário mudar João de escola e, nos primeiros meses, só ouvíamos elogios. No entanto, a coordenadora enviou um relatório muito desfavorável e contrário ao que nos repassavam cotidianamente. Naquele momento, sentimo-nos enganados. Após testes e avaliações, em agosto de 2016, foi-nos passado um doloroso diagnóstico. O neuropediatra me disse: "Vocês estão atrasados, o tempo de intervenção precoce passou. O que você acha que ele tem?". João, na época, estava com 4 anos.

Na véspera dessa consulta, pesquisando na internet sobre os resultados dos testes, percebi que os comportamentos descritos tinham nome: autismo. Até 2016, minha ideia sobre pessoas autistas estava relacionada a alguém isolado e incomunicável. Era difícil considerar que o meu João se encaixava nesse quadro.

Apesar do choque, saí decidida a correr atrás do tempo perdido. Buscamos conhecimento e tratamento. Inicialmente foram muitas horas de terapia (15 horas semanais), que produziram resultados visíveis. Passamos a estimular e buscar oportunidades de aprendizagem nos mais diversos contextos.

A rotina extenuante, a ação judicial contra o plano de saúde e as dificuldades em relação à inclusão na escola nos trouxeram considerável sobrecarga. Quando tudo parecia estar sob controle, vieram as crises de ansiedade, dificuldades no autocuidado e desgaste no casamento. A culpa, o sentimento de impotência, a falta de rede de apoio e o preconceito se acumularam. Se não fosse a graça de Deus, não sei qual teria sido o desfecho disso.

Sabíamos que nossos esforços eram insuficientes e nossos recursos limitados, mas a certeza do cuidado de Deus ajustou nossa perspectiva, renovou nossas forças e nos revelou propósito. Não seria possível suportar o peso do diagnóstico e a incerteza dos resultados das intervenções sem a certeza de que poderíamos descansar em Deus.

Ao longo dos anos, conhecemos famílias que passaram pelo mesmo que nós e que tiveram a vida transformada pela fé em Jesus. Na Bíblia, encontramos muitas histórias sobre deficiência, e cada uma nos inspira e nos aproxima do Deus que se importa. Vemos o ministério de inclusão nos milagres realizados por Jesus.

Certo dia recebi o convite para iniciar um grupo de mães atípicas e me lembrei da oração que um dia eu fiz a Deus: eu pedi a Ele um filho e um ministério. Sim, Deus respondeu minha oração! Com esse grupo, podemos viver o que está escrito numa das cartas do apóstolo Paulo: "[Deus] nos encoraja em todas as nossas aflições, para que, com o encorajamento que recebemos de Deus, possamos encorajar outros quando eles passarem por aflições" (2 CORÍNTIOS 1:4).

Mediante o autismo do João, eu voltei para a faculdade, especializei-me, conheci profissionais e pessoas incríveis, iniciei um grupo de mães, escrevi um devocional, coordenei um grupo de mães atípicas, dei palestras, escrevi um artigo, encontrei uma nova profissão que amo. Vi um garotinho lindo se desenvolver e superar suas dificuldades. Eu nem consigo mensurar o quanto aprendi e aprendo todos os dias.

Caminhar junto a outras mães atípicas têm tornado essa jornada mais leve e cheia de amor. Sem o autismo do meu filho, eu jamais teria a oportunidade de compartilhar a minha história.

Obrigada Jesus! Toda honra e toda glória seja a ti!

Mayana, mãe do João

Para refletir

Você já se sentiu enganada ou acusada em relação ao desenvolvimento de seu filho?

Você é encorajada ao saber que outras pessoas passaram por aflições como as suas, entendem sua situação e podem dar-lhe apoio?

Há alguma carga que você deva entregar a Deus hoje? Quem Ele colocou em seu caminho que pode ajudá-la?

Jesus, obrigada por Tua graça e por estares comigo nas conquistas e desafios. Abençoa cada leitora, para que elas possam ter a convicção da Tua fidelidade e soberania. Peço que juntas possamos manifestar o ministério da inclusão e que o amor de Jesus reverbere no coração de cada uma delas. Cuida e fortalece cada família atípica, revela o Teu amor, salvação e propósito a elas. Em nome de Jesus, amém!

Com Deus no caminho atípico

Ensine seus filhos no caminho certo, e, mesmo quando envelhecerem, não se desviarão dele.
PROVÉRBIOS 22:6

Uma das minhas lembranças mais antiga e marcante são as tardes que passei ajoelhada com a minha avó enquanto ela me ensinava a orar, na época eu tinha cerca de 3 anos. A vida seguiu e aprendi, com a minha família, a amar a Deus. Fui uma criança feliz, criativa, curiosa e muito sapeca, num viver onde a ociosidade não era conhecida. Já na adolescência eu era uma boa aluna, mas bagunceira, hiperfocada em instrumentos musicais, com poucos e fiéis amigos. Vivi nesse período de maneira singular, mesmo após a morte do meu avô, meu amigo. Então, mais uma vez caminho para uma nova fase de vida. Sempre envolvida e servindo na igreja, crendo e amando a Deus de forma mais intensa e solitária. Tranquei as portas do meu coração e me isolei socialmente durante os anos de faculdade. Foi quando nasceu em mim o hiperfoco em arquitetura, minha vocação.

Seguindo o fluxo da vida, casei-me e depois de muitos dias bons (e alguns maus, como em todos os relacionamentos humanos), Deus nos presenteou com um lindo bebê "chorão" que não nos deixou dormir por anos (hoje eu sei que eram dificuldades sensoriais), e assim a vida atípica adentrou na nossa jornada. Muitos desafios vieram e foram superados, graças à bondade e direção de Deus, que fortaleceu nosso casamento para seguirmos juntos, um segurando o outro nos momentos mais difíceis. O inexplicável agir de Deus pôs em nosso caminho excelentes profissionais que, com intensas intervenções precoces de terapias integradas, ajudaram nosso Daniel a superar suas limitações sensoriais e comportamentais. Essa constante de bons resultados segue frutífera até os dias de hoje nesse menininho amável e bem sapeca (lembrando muito a minha infância).

No início foi confuso, curioso e desafiador ser mãe de uma criança de 3 anos que não sabia dizer se sentia frio ou calor, nem pedir água, mas que escrevia e falava palavras em russo (autodidata) e contava até mil em inglês (era exaustivo ouvir até o final tal sequência numérica). Foi nessa caminhada, durante um tempo de muitas terapias, que recebemos os diagnósticos de autismo (TEA) com nível 1 de suporte e altas habilidades/superdotação (AH/SD) sobre ele. *O que será isso?* Eu não sabia bem, mas, curiosa como sempre, parti em busca de conhecimento para ser ponte sobre esse aparente abismo. Sentimentos como medo, incerteza, insegurança, solidão e tristeza permearam minha vida (sem perder a fé e a esperança, sem perder o amor). Nessa fase vivemos o que diz a Palavra de Deus: "Ficamos perplexos, mas não desesperados" (2 CORÍNTIOS 4:8).

Olhares de julgamentos indevidos nos acompanhavam, eu os percebia de longe, mas os ignorava. Pensava, confiante, como diz a canção da minha infância: "Mas eu sei em quem tenho crido, e estou bem certo que é poderoso" (CC 377). Jesus estava nos conduzindo pelas mãos nesse caminho atípico.

Recentemente fui diagnosticada com AH/SD, explicando minha vida em muitas esferas. Que alívio! Daniel, com 8 anos, cada vez mais falante, segue se superando diariamente em suas atipicidades. E o meu marido, pai cuidadoso, companheiro e incentivador, segue no desafio diário cuidando da gente!

Não importam as histórias que acontecem em nossa jornada, as fases mudam e novos desafios aparecem. Importa é o que ensinamos e aprendemos enquanto caminhamos. "Jesus disse: 'Eu sou o caminho, a verdade e a vida. Ninguém pode vir ao Pai senão por mim'" (JOÃO 14:6). Olhe para Ele, aprenda com Ele, ensine a outros sobre Ele. As lutas, dúvidas e até tristezas certamente virão, na sua e na minha vida, e na vida de nossos filhos também. Porém, em todo o tempo, o Senhor Jesus está com os braços estendidos e ouvidos atentos ao nosso clamor. Não desista, siga, avance, pause e chore se necessário, mas não desista de sua missão, mãe eficiente. Lembre-se: "Pois, quando sou fraco, então é que sou forte" (2 CORÍNTIOS 12:10).

Aprender de Deus e ter a vida regada por Seus princípios revela a nossa missão de vida como mães: gerar fé no coração dos nossos filhos. "Tudo que fizer, faça bem feito" (ECLESIASTES 9:10). Todas as demandas da maternidade se encaixam nas rotinas se nosso coração for grato e estiver alinhado com a vontade de Deus! Pessoa alguma é igual a outra, pois o Deus criador é exímio e criativo, sabe como desenvolver nossos potenciais nas diferenças! A Bíblia diz que "os filhos são um presente do SENHOR" (SALMO 127:3). Presente não se pede, não se merece, não se trabalha para ter, e assim foi, Deus me presenteou com o melhor filho que eu poderia ter, Daniel é único! Como eu o amo, como me alegro em ser a mãe dele.

Sou grata a Deus pela oportunidade de transitar pelas ruas da atipicidade, por me perceber neurodivergente depois de adulta, por poder acolher outras mães que (como eu) vivenciam caminhos atípicos e por poder caminhar com meu filho, ensinando-o em quem deve crer, a quem deve amar sobre todas as coisas: o único Deus eterno!

E sabemos que Deus faz todas as coisas cooperarem para o bem daqueles que o amam e que são chamados de acordo com seu propósito. ROMANOS 8:28

Fabiana, mãe do Daniel

Para refletir

Quais são as suas memórias mais marcantes de infância ou adolescência?

Qual é o "caminho certo", e como ensinar seu filho a trilhá-lo?

Há algum valor aprendido na infância que você precise resgatar e viver hoje?

Senhor, obrigada pelo legado de fé gerado em mim na infância por intermédio da minha família. Ajuda-me na missão de fazer o mesmo com meu filho. No caminhar contigo, encontro a paz que excede todo entendimento. Que cada leitora aqui, típica ou atípica, olhe para o Senhor enquanto caminha e encontre a ti verdadeiramente. Obrigada por tanto amor e pelo privilégio que tenho em te servir. Em nome de Jesus, amém!

Deus jamais nos desampara

O Senhor é meu pastor,
e nada me faltará.
SALMO 23:1

Na noite de 28 de julho de 1979, Armando nasceu apresentando hemorragia sutil e, apenas duas horas depois, foi submetido a uma cirurgia exploratória para verificar a origem de tal sangramento. Durante o procedimento, ele teve choque anafilático, com três paradas respiratórias.

Os médicos afirmavam que se ele sobrevivesse às primeiras 48 horas, tudo ficaria bem. Mas isso se revelou uma falsa esperança. Fui observando que, aos três meses, meu bebê não sustentava o pescoço, aos seis meses não sustentava o tronco, aos nove meses não engatinhava... Como meus dois filhos mais velhos, Raphael e Gabriela, já tinham 4 e 3 anos, eu podia perceber que o Armando não se desenvolvia do mesmo modo como ocorrera com os seus irmãos.

Finalmente, aos dez meses, decidimos consultar uma neurologista que, após alguns testes e exames, nos apresentou o diagnóstico de paralisia cerebral. Ela nos orientou a iniciarmos imediatamente a estimulação precoce, pois o dano cerebral era múltiplo: fala, marcha e outras funções motoras, visão, área cognitiva.

Inicialmente, fiquei um tanto atordoada, mas no meu íntimo sentia que, se Deus me escolheu para um desafio desse tamanho, era porque confiava em mim. E foi assim que incorporei ao meu dia a dia o firme propósito de reabilitar o meu bebê. "O Senhor é meu pastor, e nada me faltará" (SALMO 23:1). Eu acreditava nessa promessa com todas as minhas forças!

O meu marido ficou devastado com o diagnóstico e se fechou em seu próprio mundo. E daquele momento em diante, tornou--se um pai ausente. Fiquei praticamente sozinha em minha luta diária. Nove anos depois veio o divórcio, e tudo ficou ainda mais difícil, pois o meu então ex-marido se recusava a pagar a pensão alimentícia. A situação ficou insustentável e precisei voltar ao trabalho a fim de prover as necessidades dos meus três filhos. Era angustiante ficar o dia todo longe deles.

A reabilitação do Armando passou a ser feita à noite. Jamais esquecerei das pessoas que Deus colocou em nossa jornada, profissionais da área da saúde que não nos cobravam pelos atendimentos, pois entendiam o momento de necessidade premente que estávamos passando. Esses tempos muito difíceis, foram, pela graça e misericórdia de Deus, superados. Hoje temos muito a celebrar e agradecer ao nosso Deus que jamais nos desamparou!

Armando se tornou um lindo rapaz que, embora, não ande ou fale, consegue se comunicar com uma linguagem não verbal muito rica. Ouve e entende o que falamos e é um rapaz alegre e sensível que ama participar dos cultos presenciais ou on-line, e se alegra muito no momento do louvor e ouve com atenção a Palavra do Senhor.

Nossa história envolveu e ainda envolve muita fé e gratidão! Nossas lutas e vitórias foram permitidas porque o nosso Deus é puro e infinito amor. Aleluia! Glórias a Ele!

Célia, mãe do Armando

Para refletir

Quais foram os sinais de alerta para você iniciar a investigar o desenvolvimento do seu filho?

De que maneiras Deus, o bom Pastor, tem sustentado e protegido a sua família?

Como podemos deixar Deus guiar nossa vida?

"O Senhor é meu pastor, e nada me faltará" (SALMO 23:1). Eu acreditava nessa promessa com todas as minhas forças!

Querido e amado Deus! Muito obrigada por Teu constante amor, graça e misericórdia. Seguimos confiantes em Tuas promessas, pois cremos profundamente em Tua bondade e fidelidade. Senhor, capacita-nos a cada manhã a levar o Teu santo nome e a Tua palavra libertadora por onde transitarmos. Agradecemos-te no precioso nome de Jesus, amém!

O Senhor é meu pastor, e nada me faltará.
Ele me faz repousar em verdes pastos
e me leva para junto de riachos tranquilos.
Renova minhas forças e me guia pelos caminhos
da justiça; assim, ele honra o seu nome.

Mesmo quando eu andar pelo escuro vale da morte,
não terei medo, pois tu estás ao meu lado.
Tua vara e teu cajado me protegem.
Preparas um banquete para mim na presença
de meus inimigos. Unges minha cabeça com óleo;
meu cálice transborda.

Certamente a bondade e o amor me seguirão
todos os dias de minha vida, e viverei na
casa do Senhor para sempre.

SALMO 23:1-6

A presença do Senhor me sustenta

Levanto-me cedo, antes de o sol nascer; clamo e ponho minha esperança em tuas promessas.
SALMO 119:147

Quando fui convidada a contribuir com uma meditação para este livro, veio ao meu coração o desejo de expressar como até aqui o Senhor me ajudou. A Palavra viva de Deus, a Bíblia, e as Suas misericórdias duram para sempre! No meu lar, somos uma família bem atípica com cinco integrantes: meu marido, Carlos, inteligente e cheio de ideias, mas com dificuldades em compreender o outro e aceitar as coisas como realmente são; eu, destemida e cheia de energia, nascida, vivida e criada em um lar cristão, que enfrento todos os dias os desafios da maternidade atípica; e nossos três filhos. O primogênito, com 17 anos, e o do meio, com 12, têm TEA e TDAH; já a mais nova, com 5 anos, a princípio não tem diagnóstico (acredito que continuará assim, já que chegou à nossa família via adoção e sem a nossa genética). Sinto que somos uma família bem diferente da maioria, grande em número (algo cada vez mais incomum), em experiências e em amor.

Uma vez precisei trocar a medicação que um dos meus filhos usa para concentração. Essas trocas são sempre um desafio, pois durante o período de adaptação o medicamento não faz o efeito necessário, e nós *precisamos* que faça (senão, não precisaríamos do remédio). E ainda há os efeitos colaterais que podem surgir nesse processo. Durante essa transição percebi que ele passou a ficar com alterações no sono, mais sonolento durante o dia, mas imaginei que poderia ser algo passageiro. Afinal, isso é comum no início do uso de medicações neurológicas.

Então numa noite comum, no meio da semana, da rotina de trabalho e da escola, fomos dormir às 23h, um horário comum para nós. Em casa, faz-se necessário realizar um ritual do sono para que as crianças efetivamente consigam dormir, como restrição no uso de tela, banho, leitura, oração, penumbra, aromas e luzinhas de cromoterapia. Todos precisam estar definitivamente na cama e com todas as luzes apagadas, apenas a meia luz do quarto desse meu filho (citado anteriormente) é que pode ficar ligada. Tudo isso já havia sido feito naquela noite, e todos "dormiram".

De repente, de madrugada, às 03h45, esse meu filho me acorda dizendo que não estava conseguindo dormir, que já tinha passado horas abrindo e fechando o olho, esperando o sono vir. Então me desesperei, pois não tínhamos nenhuma gotinha de melatonina (remédio natural estimulante para o sono) e ele precisava dormir, pois tanto ele quanto eu tínhamos compromissos fora de casa já no início da manhã, entre 7h e 8h.

Naquele momento, chamei-o para perto e disse que iríamos orar para enfim dormir. Ele se ajoelhou ao lado da minha cama, eu impus as mãos sobre a cabeça dele e clamei ao Senhor por um socorro. Orei de todo o meu coração, do fundo da minha alma e com todo o meu entendimento sobre o que estava acontecendo e sobre quem é Deus para mim. Mandei o meu filho para a cama e disse a ele que, então, ele dormiria. E realmente ele conseguiu dormir.

Deus começou a falar comigo, trazendo-me o texto de Salmo 119:145-152. "Desperto de madrugada, para refletir em tuas palavras. Por teu amor, ó SENHOR, ouve meu clamor; restaura minha vida conforme teus estatutos" (vv.148-149). Esses versículos nos fala sobre a fidelidade do Senhor a todos os que clamam a Ele. De manhã, levantei-me e comecei a escrever este devocional, registrando tudo aquilo que Deus gostaria que você soubesse hoje.

Tenho aprendido a viver todo o tempo ao lado de Deus. Sempre que eu medito em Sua palavra, todas as minhas necessidades são supridas. Na presença do Senhor, as minhas dificuldades se esvaem, meus problemas se tornam irrelevantes e tudo à minha volta se torna tão leve que eu não sinto peso algum. Sempre me sinto amada, protegida e cuidada pelo Senhor!

Tenho aprendido a viver todo o tempo ao lado de Deus.

Será que, às vezes, me desespero? É claro que sim, pois sou humana como você. Entretanto, sei em quem, como e onde buscar socorro. Creio que é isto que Deus deseja que você faça: que o busque e saiba que Ele está disposto a abraçá-la, ouvi-la e atendê-la, assim como sempre faz comigo. A presença do Senhor não é um privilégio de poucos, inacessível a você. Ele estende esse convite a você também! É uma oportunidade para todos aqueles que o buscam de todo o coração.

Busque a presença de Deus, sem atravessadores, sem intermediações. Peça ao Espírito Santo que Ele se revele a você e fale ao seu coração. Leia a Bíblia e conheça a pessoa e a história de Jesus. Somente assim você viverá de forma intensa e abundante as promessas que Ele tem para sua vida. Conheço na pele o que é viver fora dos padrões, e talvez nós tenhamos experiências semelhantes em nossas vivências atípicas. Talvez eu tenha passado por situações mais leves que você em alguns aspectos, ou até mais pesadas, mas, na verdade, isso não importa. O que importa é que, acima de tudo, e em qualquer dificuldade que eu já vivi, nunca fui desamparada ou abandonada por Deus. Diante disso, desejo o mesmo a você hoje!

Viviane, mãe do Henrique e do Thiago

Para refletir

No seu lar, o sono costuma ser tranquilo ou perturbado? Há algum hábito que possa ser melhorado?

Você tem esperança? Se sim, em quê? Se não, como desenvolvê-la?

Como você pode conhecer mais sobre Deus e Suas promessas nesta semana?

Deus, que o Teu Espírito venha sobre mim e me encha com a Tua presença de forma plena, notável e contagiante. Concede-me a alegria de diariamente te conhecer cada vez mais e ter mais experiências incríveis contigo. Que jamais eu me sinta só, nem desamparada, pois Tu és o meu Deus e a Tua presença me traz conforto, consolo, suprimento, libertação e fortalecimento. Tu és Aquele que me ama e que nunca me desempara. Em nome de Jesus, amém!

O abraço de Deus

Tu formaste o meu interior e me
teceste no ventre de minha mãe.
SALMO 139:13

Minha filha Ana sempre foi uma criança introspectiva e sensível. Meiga, amorosa e dona de um grande coração. Lembro-me que todas as fases de mudanças na escola e na igreja eram difíceis, fosse uma troca de turma ou de professora, e até o retorno das férias de julho exigia uma nova adaptação. Quando ela mudou de escola pela primeira vez, desenvolveu uma alergia de cunho emocional, mesmo indo para uma escola onde já tinha amigos e alguns professores conhecidos.

As dificuldades (de socialização, por exemplo), que antes eram pequenas, aumentaram à medida que ela crescia. Sentia-se excluída, palavras a feriam profundamente. Passou a ter grande dificuldade de ser grata e perceber as coisas boas do dia a dia. Sempre incentivei ao máximo sua autonomia, e muitas vezes ela ficava bem chateada comigo por isso. Quando ela chegou à pré-adolescência, nosso relacionamento familiar ficou mais difícil, com explosões emocionais por pouca coisa. Ela começou a fazer terapia, mas não se abriu de fato com esse cuidado. Nada a empolgava. Meu sentimento era de ter falhado gravemente como mãe.

Como ela sempre se queixou de inúmeras dores (que nunca levei muito a sério), procurei uma neurologista de confiança. Ela identificou questões que não estávamos enxergando e pediu que fôssemos o quanto antes ao psiquiatra. Naquela consulta muitas questões foram esclarecidas e partimos para a testagem. No dia 18 de abril de 2024, tivemos os resultados dos testes e o retorno à psiquiatra. Descobrimos que a Ana, agora com 13 anos, tem TEA nível 1, Altas Habilidades e TDAH, condições que, sem os encaminhamentos adequados, resultaram em depressão e ansiedade. Foi um misto de emoções: ao mesmo tempo em que me senti aliviada, tive medo e sentimento de culpa por identificar isso apenas agora. Ouvi tudo sozinha, atenta, encaixando as peças no meu pensamento.

No caminho da psicóloga até a psiquiatra, Deus falou comigo. Foi como se Ele me abraçasse. O Senhor me fez lembrar de todo o percurso durante os 13 anos da Aninha. Nesse trajeto entre consultas, de repente caí no choro, e o sentimento que invadiu o meu coração, de forma inexplicável, foi o de gratidão. Orava e louvava a Deus pela nossa difícil caminhada, pois Ele esteve presente em cada momento dela. Consegui perceber como o Senhor tinha cuidado de todos os detalhes para que esse momento chegasse em nossa família com paz e com esperança de dias melhores. Convivo com várias famílias que descobriram o autismo, sirvo em uma igreja que me permite conhecer muitas crianças autistas e, como as amo profundamente, faço o meu melhor por cada uma delas. Há dez anos participamos de uma igreja onde vários líderes, pastores, uma discipuladora, os professores de dança e amigos foram fundamentais para que minha filha chegasse até aqui firme com Deus.

O texto bíblico que vinha ao meu coração naquele dia era "Tu formaste o meu interior e me teceste no ventre de minha mãe" (SALMO 139:13). Em 2010, Deus sonhou e criou minha filha dessa forma dentro do meu ventre, com tantas qualidades e desafios. Deus tem um propósito para minha filha e para mim.

O meu desejo é poder ajudar e apoiar outras famílias que estão passando ou passarão por esse processo. Cuidar, ouvir, apoiar, informar faz parte do que Jesus ensinou: "Amem uns aos outros" (JOÃO 13:34). Desejo poder servir e transmitir o cuidado que senti de Deus e de tantos amigos nesta minha jornada.

Thais, mãe da Ana Beatriz

Para refletir

Você já teve sentimentos conflitantes, como culpa e alívio, ao mesmo tempo?

Seu filho foi visto e "tecido" por Deus; saber disso impacta a sua visão sobre ele?

Como a sua maternidade atípica pode ser usada para amparar outras famílias?

Senhor, obrigada pelo privilégio de ser mãe. Ajuda-me a ser um reflexo Teu onde Tu me colocaste. Que eu leve alívio e direcionamento a outros pais que estejam sofrendo ou precisando de acolhimento. Concede-me sabedoria, amor e graça nessa jornada! Em nome de Jesus, amém!

Ó Senhor, tu examinas meu coração e conheces
tudo a meu respeito.

Sabes quando me sento e quando me levanto;
mesmo de longe, conheces meus pensamentos.

Tu me vês quando viajo e quando descanso;
sabes tudo que faço.

Antes mesmo de eu falar, Senhor,
sabes o que vou dizer.

Vais adiante de mim e me segues;
pões sobre mim a tua mão. [...]

Eu te agradeço por me teres feito de modo tão
extraordinário; tuas obras são maravilhosas,
e disso eu sei muito bem.

Tu me observavas quando eu estava sendo formado
em segredo, enquanto eu era tecido na escuridão.

Tu me viste quando eu ainda estava no ventre; cada
dia de minha vida estava registrado
em teu livro, cada momento foi estabelecido
quando ainda nenhum deles existia.

Como são preciosos os teus pensamentos a meu
respeito, ó Deus; é impossível enumerá-los!

SALMO 139:1-5,14-17

Liberta, duplamente, pela verdade

Então conhecerão a verdade,
e a verdade os libertará.
JOÃO 8:32

Lembro-me muito bem de um dia, aos 9 anos, quando não conhecia a Jesus, em que deparei-me com a Bíblia que meus pais tinham em casa. Pedi para minha mãe que a lesse para mim, mas ela me disse que, mesmo se o fizesse, eu não entenderia o que estava escrito. Mas Deus tocou no coração de uma família, e eles se ofereceram para me ensinar a Bíblia, sem sequer eu ter pedido. E foi assim que a verdade me libertou, pela primeira vez.

Alcançada pela verdade do evangelho, fui crescendo. Desde a adolescência gosto muito de ajudar o ministério infantil na igreja. Embora não seja minha área de atuação profissional, sempre senti um grande amor por trabalhar com crianças. Fiz todos os cursos ao meu alcance, li muitos livros, participei de palestras, tanto para atuar na igreja quanto na preparação para ser mãe.

Depois de muitos anos de casada, tivemos o nosso primeiro filho. Um menino lindo e sorridente, que alegrava nossa vida! Não demorou muito, e logo comecei a perceber que tudo o que eu havia lido nos livros não funcionava, e surgiram dúvidas do tipo: *Será que sou uma péssima mãe? O que estou fazendo de errado?* Na escola as reclamações em relação ao comportamento de Jonathan eram constantes, mas ninguém nos orientava. Sofria com a repreensão de outras pessoas. "Ah, se fosse meu filho não aceitaria a isso!" Pior ainda, algumas perguntavam: "Você está orando o suficiente pelo seu filho?". Além de me sentir completamente perdida sobre como agir, ficava constrangida de tal forma que preferia evitar sair de casa, pois ao mesmo tempo que me sentia uma mãe incapaz, não queria ninguém julgando o meu amado filho.

Como AH/SD é um assunto muito menos falado do que outros diagnósticos, começamos a suspeitar de autismo, mas as características não se encaixavam. Após lermos uma matéria na internet, as coisas começaram a fazer sentido. Meu marido e eu procuramos uma neuropediatra que nos orientou nos primeiros passos e assim começou a longa caminhada rumo ao desconhecido. Orientados por Deus, as peças foram se encaixando, como em um grande quebra-cabeça.

Hoje sabemos que AH/SD não é algo raro e atinge, pelo menos, cerca de 3,5 a 5% da população (segundo a Organização Mundial de Saúde). São muitas pessoas, mas a maioria não é identificada. Sozinha eu nunca teria imaginado que pudesse ser isso, pois eu entendia altas habilidades como algo utópico devido aos mitos e estereótipos que a sociedade acredita. Assim, costumo dizer que fui liberta duas vezes: a primeira foi quando conheci Jesus, a segunda quando comecei a entender meu filho. Assim, quando nossa segunda filha chegou, com muitas características similares as do irmão, já conhecíamos um pouco mais sobre esse quadro.

Algumas coisas me marcaram muito na igreja da qual fazemos parte atualmente. Uma delas foi que meus filhos não queriam ficar sozinhos na sala da Escola Bíblica e os responsáveis permitiram, sem preconceito, que eu participasse junto com eles até quase os seis anos, época em que eles se sentiram tranquilos para ficarem sem o pai ou a mãe. Pode parecer algo muito simples, mas fez toda a diferença na vida deles. Outro fato marcante foi quando minha filha, que tem sensibilidade a ruídos, estava sofrendo com as músicas no louvor; uma voluntária da igreja se aproximou e ofereceu um abafador de ruído emprestado. Isso tocou muito meu coração, primeiro pelo carinho dela, e segundo porque as crianças da sala não rejeitaram a minha filha por ela estar usando abafador de ruído.

É comum pessoas observarem algum comportamento dos meus filhos e perguntarem o que eles têm. Com muita dificuldade, eu tento explicar o quadro e frequentemente ouço: "Então você está reclamando do quê?". A maioria desconhece que pessoas com AH/SD têm necessidades específicas, sendo consideradas público de inclusão perante a lei. Muitos preferem manter em segredo que seus filhos, ou eles mesmos têm essa identificação, pois há muitos julgamentos baseados em mitos. Nesse sentido, a igreja tem um papel muito importante em auxiliar na desmistificação e promover acolhimento a partir de um ambiente inclusivo baseado no amor.

Muitas famílias ainda estão perdidas e se sentindo isoladas. Gostaria de dizer a elas: há esperança! Busquem ajuda, tentem entender melhor seus filhos, suas necessidades; não tenham medo do diagnóstico. Percebam a bênção que seus filhos são. Digo isso, pois após o diagnóstico, meus filhos continuam exatamente os mesmos. Quem mudou não foram eles, mas sim eu. "Se algum de vocês precisar de sabedoria, peça a nosso Deus generoso, e receberá. Ele não os repreenderá por pedirem" (TIAGO 1:5).

Se na igreja que você frequenta ainda não existe atendimento às necessidades atípicas, pode ser o momento de iniciar algo ali por seu intermédio. Muitas gotas formam um oceano. Talvez o que você possa fazer seja apenas inserir uma gotinha, mas quando cada um faz um pouquinho, grandes coisas acontecem.

Lembre-se disto todos os dias: ter um filho como o seu não é uma falha, e sim um propósito e uma oportunidade que Deus lhe deu para fazer a diferença.

Tatiane, mãe do Jonathan e da Larissa

Para refletir

Você já optou por ficar mais reclusa, para evitar olhares e julgamentos?

Em que sentido a frase "a verdade os libertará" já foi real na sua vida?

O que seria uma forma prática de seus filhos serem melhor acolhidos na igreja, na família ou em outro ambiente? Há alguém a quem você possa comunicar isso em amor?

Senhor, ajuda-me a ser uma boa mãe. Dá-me sabedoria para auxiliar meus filhos a crescerem saudáveis e amando a ti. Também peço a Tua bênção para que eu seja útil na vida de outras famílias. Que o Teu amor transborde na vida de muitas outras pessoas e, assim como um dia o Senhor me encontrou, elas sejam alcançadas e se sintam amadas por ti. Em nome de Jesus, amém!

Demostrando amor uns aos outros

Filhinhos, não nos limitemos a dizer
que amamos uns aos outros; demonstremos
a verdade por meio de nossas ações.
1 JOÃO 3:18

Quando uma família surge, ela tem histórias, costumes, tradições e peculiaridades. Nós sabemos disso, mas às vezes temos dificuldade de explicar o "jeitão" do nosso lar. Parece que vivemos tantas questões ao mesmo tempo! Pensamos: "Será que a minha família originou a expressão *tudo junto e misturado*?". Há épocas em que corremos tanto, buscando dar conta das várias demandas da vida, que nos parece difícil dedicar algum tempo, nem que sejam dez minutos, para demonstrar amor aos outros.

Esta é a vida da maioria das pessoas, cheia de altos e baixos. Sabemos que vai ser assim, e nos consideramos como qualquer outra família normal. Algumas situações, porém, acabam extrapolando esse ciclo, não se encaixando dentro dessa "normalidade", então percebemos que entramos na realidade de uma família atípica. Um ambiente novo, desafiador e que, em um primeiro momento, sequer conseguimos mensurar. O que parecia ser sólido já não faz mais tanto sentido! E temos a impressão de que o que foi construído e tudo o que aprendemos até agora é irreal.

Foi como nos sentimos, em 2010, quando nossa primeira filha nasceu. Eu tive uma gestação tranquila e no dia do nascimento dela recebemos o diagnóstico de que ela tinha Síndrome de Down. Pensamos: *Alguém sabe o que isto significa, na prática?* O que exatamente se faz depois de ter um bebê atípico em uma casa onde dois jovens não sabem nem por onde começar?

Estávamos em uma viagem de trem, onde acabamos desembarcando em uma estação que não havíamos planejado, cujas passagens eram somente de ida. Mas, como todo destino tem suas belezas, olhamos nos arredores para reconhecer onde estávamos. Foi então que encontramos uma família que se superava em tempo recorde para se adaptar ao termo "atípico", mesmo sem saber ao certo como fazer. Amigos se tornaram mais que irmãos, uma igreja que nos acolheu bravamente, ainda que nessa época não havia tanto preparo para lidar com quadros assim. Eles demonstraram o amor verdadeiro por nós por meio de ações (VEJA 1 JOÃO 3:18). Mudamos de casa, rotina, modo de vida, afinal, estávamos ainda caminhando nos processos, ora em órbita, ora no chão, e muitas horas em oração, clamando pela direção de Deus nas decisões.

Assim, descobrimos que tínhamos duas opções: recolher-nos e fixar os olhos em marcas difíceis, ou usar tais marcas como trampolim para ressignificar não só nossa vida, mas buscar ser como Jesus, seguindo Seus ensinamentos e atitudes. E é isso o que temos tentado fazer desde então, na certeza de que sempre podemos compartilhar nossas experiências para ajudar outras pessoas a trilharem o caminho pelo qual já passamos, almejando tornar essa estrada mais simples — e, por que não dizer, mais colorida? Hoje já temos 14 anos de caminhada, recebemos mais um precioso presente, um menino extraordinário, e uma coleção de experiências surreais em lugares em que estivemos, que jamais estaríamos se não fôssemos atípicos, e que valeram cada minuto de vida! Podemos dizer, com muita alegria: "Até aqui o SENHOR nos ajudou" (1 SAMUEL 7:12).

Então, se você consegue passar uma mensagem no celular, dirigir, recolher uma roupa do varal, preparar uma refeição, orar, tocar um instrumento ou cantar, ou se você é um profissional altamente qualificado em alguma área; independentemente de qual seja a sua habilidade ou talento, eu faço este convite a você: Use o que você é e sabe sem reservas, nem que seja por dez minutos, e faça a diferença na vida de pessoas. Sejam elas típicas ou atípicas! Saiba que você pode impactar o mundo se esses dez minutos vierem carregados de amor. Vamos nessa?

Patrícia, mãe da Ana Laura e do Lucas

Para refletir:

Qual costume, tradição ou característica faz a sua família ter um estilo próprio de ser?

Há alguma ação do seu filho que seja a forma particular dele demonstrar amor? Você valoriza isso?

Como colocar em prática o amor que sinto, especialmente pelas pessoas de minha família?

Senhor Jesus, obrigada por estares presente em todo o tempo conosco, mesmo quando não conseguíamos enxergar. Agradeço-te por nos ajudar a respirar quando o ar parecia tão escasso, mas principalmente por nos fortalecer e nos sustentar até aqui. Peço-te que te faças presente na vida de todas as pessoas que te convidarem para ser o Senhor da vida delas, transforma a exaustiva jornada delas em um caminho de alegria e paz! Em Teu nome, eu oro. Amém!

Se eu falasse as línguas dos homens e dos anjos,
mas não tivesse amor, seria como um sino
que ressoa ou um címbalo que retine.
Se eu tivesse o dom de profecias, se entendesse todos
os mistérios de Deus e tivesse todo o conhecimento,
e se tivesse uma fé que me permitisse mover
montanhas, mas não tivesse amor, eu nada seria.
Se desse tudo que tenho aos pobres e [...] não
tivesse amor, de nada me adiantaria.

O amor é paciente e bondoso. [...]
Não exige que as coisas sejam à sua maneira.
Não é irritável, nem rancoroso.
Não se alegra com a injustiça, mas sim com
a verdade. O amor nunca desiste, nunca perde a fé,
sempre tem esperança e sempre se mantém firme.

1 CORÍNTIOS 13:1-7

Deus está no controle

O Senhor fez dos céus o seu trono,
de onde reina sobre todas as coisas.
SALMO 103:19

Que alegria sentimos com a chegada do Matheus. Nosso filho amado, tão esperado. Já tínhamos nossa filha mais velha, com pouco mais de um ano, e com a chegada do nosso menino, sentíamos que nosso lar estava completo. Que alegria, que felicidade! O tempo passava, entre dias bons e dias não tão bons assim. Com o passar dos meses, começamos a perceber que o desenvolvimento do Matheus não acontecia dentro do esperado, ocorrendo de uma forma consideravelmente diferente das outras crianças. Começamos a ficar atentos a isso, fomos a consultas médicas, fizemos alguns exames. Após toda correria e expectativa, recebemos este diagnóstico: autismo.

Ficamos sem chão. Foram dias intensos tentando entender o que era o autismo, o que nos esperava, o que deveríamos fazer, o que não fazer. Como foi complicado. Não conseguíamos achar algumas respostas que procurávamos, outras dúvidas foram respondidas, mas os questionamentos aumentavam. Ficamos até um pouco confusos, em alguns momentos chegava a ser angustiante. No entanto, isto sempre foi muito claro e confortante para nós: Deus está no controle. Nós fomos pegos de surpresa, mas Deus não. Ele está no controle.

Como esta verdade nos trouxe paz e segurança! Sabíamos que confiar em Deus era o nosso único refúgio. Continuávamos com várias dúvidas e questionamentos, ainda não tínhamos a maioria das respostas que buscávamos. Não sabíamos como lidar com todos os desafios que surgiam, a rotina não estava mais fácil ou menos desafiante, e as perguntas ainda estavam lá.

O que acalmava o nosso coração era a convicção de que Deus estava e sempre estaria no controle, de que Ele havia formado o Matheus desde o ventre materno, tecido cada parte do seu corpo, como diz o Salmo 139: "Tu formaste o meu interior e me teceste no ventre de minha mãe. Eu te agradeço por me teres feito de modo tão extraordinário; tuas obras são maravilhosas, e disso eu sei muito bem. Tu me observavas quando eu estava sendo formado em segredo, enquanto eu era tecido na escuridão. Tu me viste quando eu ainda estava no ventre; cada dia de minha vida estava registrado em teu livro, cada momento foi estabelecido quando ainda nenhum deles existia" (vv.13-16).

O Senhor também sabia quantos fios de cabelo havia em sua cabeça: "Até os cabelos de sua cabeça estão todos contados. Portanto, não tenham medo" (LUCAS 12:7). Sabíamos que Deus não havia perdido o controle e que Ele nos daria sabedoria, vigor, renovo para aprender a viver a nossa vida de uma maneira diferente do que havíamos imaginado, e nos traria conhecimento para lidar com uma realidade desconhecida por nós. Com certeza teríamos muitos desafios a serem superados, mas também haveria muita alegria, felicidade e contentamento, afinal nossa alegria e força vinham do Senhor e não das circunstâncias.

Atualmente, o Matheus está com 12 anos. Ele é um menino alegre, forte e intenso. Alguns desafios já diminuíram um pouco, ficaram menos complicados, pois já aprendemos a entender o que ele quer, o que ele precisa. Em contrapartida, outras situações ainda são novas e desconhecidas e, por isso, podem ser bem complicadas. No entanto, o mais importante e que faz diferença para nós é isto: Deus está no controle de qualquer situação.

Martha, mãe do Matheus

Para refletir

Que situações fazem você se sentir insegura ou confusa?

Saber que Deus reina sobre tudo e tem controle sobre todas as situações acalma o seu coração?

Na próxima situação estressante que tiver, o que você fará para descansar na promessa de que Deus não perde o controle?

Querido Deus, gostaria de agradecer-te por este dia, inclusive pelos desafios que enfrentarei hoje. Dá-me sabedoria para lidar com eles de uma maneira que te agrade, Senhor. Obrigada por sempre estares no controle da minha vida e do meu dia a dia, pois mesmo quando eu me encontro perdida diante dos desafios, Tu continuas firme, constante e fiel. Tu jamais perdes o controle. Muito obrigada! Em nome de Jesus, amém!

Esperei com paciência pelo Senhor;
ele se voltou para mim e ouviu meu clamor.

Tirou-me de um poço de desespero,
de um atoleiro de lama. Pôs meus pés sobre
uma rocha e firmou meus passos.

Deu-me um novo cântico para entoar,
um hino de louvor a nosso Deus. Muitos verão o
que ele fez, temerão e confiarão no Senhor.

Como é feliz o que confia no Senhor,
que não depende dos arrogantes, nem dos
que se desviam para a mentira!

Senhor, meu Deus, tu nos fizeste muitas
maravilhas, e teus planos para nós são tantos que
não se pode contá-los; não há ninguém igual a ti.

Se eu tentasse relatar todos os teus feitos,
jamais chegaria ao fim.

SALMO 40:1-5

Força que vem do alto

Eu te amo, S*ENHOR;*
tu és minha força. SALMO 18:1

O dia do diagnóstico (TEA nível 1 e dispraxia) do meu filho, Luís Felipe, hoje com 9 anos, foi algo libertador para mim. Foi então que achei as respostas para os comportamentos diferentes que meu filho apresentava, quando o comparava com crianças da sua faixa etária.

Não tive uma fase de luto, pois o processo do diagnóstico foi tão longo e exaustivo que me senti aliviada ao recebê-lo. Sabia que teria um caminho a percorrer, no entanto, nem imaginava o quão desafiador seria em alguns momentos para ensiná-lo comportamentos básicos que uma criança aprende imitando seus pares ou adultos, ou mesmo para conter as crises que duravam várias horas, sem falar das privações de sono. Algum tempo depois, aos 6 anos, ele ainda recebeu outro diagnóstico, TDAH.

Um dia após uma crise de mais de duas horas, finalmente consegui fazê-lo dormir; já passava da meia-noite e eu só chorava de cansaço e dizia comigo mesmo que não iria aguentar, que não era forte o suficiente para suportar tudo aquilo. Fiz uma oração silenciosa: *Meu Deus, já tenho meu marido que é portador de esclerose múltipla, e agora uma criança autista!* Quando esse pensamento invadiu meu coração, resolvi abrir a Palavra de Deus e me deparei com o seguinte versículo: "Eu te amo, SENHOR; tu és minha força" (SALMO 18:1). Continuei a ler o restante do capítulo: "O SENHOR é minha rocha, minha fortaleza e meu libertador; meu Deus é meu rochedo, em quem encontro proteção. Ele é meu escudo, o poder que me salva e meu lugar seguro" (v.2).

Fiquei intrigada para entender melhor o contexto do Salmo 18. Pesquisei um pouco e li que ele foi escrito por Davi em agradecimento a Deus pelo livramento que recebera em suas muitas batalhas. Ao mesmo tempo, era uma declaração de amor e confiança de Davi no Senhor Deus. Naquele momento, minha mente foi inundada pela convicção de que não estaria sozinha em minhas batalhas, pois a minha força viria do alto, de Deus.

A partir daquele dia, mesmo esgotada física e emocionalmente, passei a orar e a confiar em Deus, pois Ele é a minha verdadeira força, a minha rocha para enfrentar qualquer desafio; os quais não foram poucos até agora (e sei que haverá outros pela frente).

Mesmo em tempos difíceis, em que não temos mais forças físicas e emocionais, faça este exercício: declare o seu amor ao Senhor e deposite nele a sua confiança, pois a nossa força para enfrentarmos qualquer situação com os nossos filhos virá do alto! Deus lhe acrescentará uma força sobrenatural, tornando os desafios da sua vida muito mais leves.

Lembre-se também de que o Senhor Deus é o nosso refúgio, por isso não tenha medo de se derramar na presença dele e de revelar perante Ele todas as suas fragilidades. Nunca se esqueça de que o Senhor Deus é o seu rochedo, a sua base, o seu fundamento, a sua fortaleza. Portanto, refugie-se nele!

Maria Tereza, mãe do Luís Felipe

Para refletir

Você já se sentiu esgotada diante de desafios ou más notícias?

De que forma você busca a força que o Senhor dá?

Há alguma prática espiritual (leitura da Bíblia, oração, participação na igreja) que você possa começar a fazer, ou intensificar, para se aproximar mais do Deus protetor?

Senhor, obrigada por renovar as minhas forças todos dias. Agradeço-te por ser a minha fonte de inspiração! Que Tu estejas conosco nos dias bons e maus, ensinando-nos sobre o amor de Cristo. Agradeço-te, ó Deus, todos os dias, pois sei com quem posso contar nos dias em que nem tudo vai bem. Obrigada Senhor por ser a minha rocha, o meu refúgio, o meu libertador. Em nome de Jesus, amém!

Em minha aflição, clamei ao SENHOR;
sim, pedi socorro a meu Deus. De seu santuário ele
me ouviu; meu clamor chegou a seus ouvidos. [...]

O caminho de Deus é perfeito;
as promessas do SENHOR sempre se cumprem;
ele é escudo para todos que nele se refugiam.
Pois quem é Deus, senão o SENHOR?
Quem é rocha firme, senão o nosso Deus?
Deus me reveste de força e remove os obstáculos de
meu caminho. Torna meus pés ágeis
como os da corça e me sustenta quando
ando pelos montes.

SALMO 18:6,30-33

Difícil, mas possível

Não tenha medo, pois estou com você;
não desanime, pois sou o seu Deus.
ISAÍAS 41:10

Sabe aquela fase da vida, que você se sente realizada? Então, eu pensava: "Tenho marido, um casal de filhos, casa própria, carreira profissional, sou serva de Deus. Está tudo certo!". Pois é, era assim que eu me encontrava. De repente, descobrimos que eu estava grávida, teríamos mais um bebê, depois de 12 anos seríamos pais novamente. Foi um susto grande!

Já no nascimento da Sophia, com 38 semanas e meia de gestação, nosso coração foi testado. Nossa bebê não conseguia respirar, o coração não tinha forças para bater. Ela necessitou ser atendida por quatro dias na UTI Neonatal, com transfusões de sangue. Foi um período muito impactante em nossa vida. Nunca havíamos passado por algo parecido, ver a nossa bebê, tão frágil e tão pequena, precisando de socorro médico intensivo.

E não parou por aí. Com apenas 2 anos, ela passou por uma cirurgia de craniotomia, para drenar cistos no cérebro que estavam causando hipertensão intracraniana. Foi um momento muito difícil para nós. Nessas horas, confiar e entregar a Deus nossa aflição faz a diferença. Sentimos o agir de Deus, mobilizando pessoas para orar conosco, intercedendo pela vida e saúde da nossa princesa, trazendo-nos palavras de encorajamento e esperança. A igreja nos abraçou, nos cobriu com oração, nossos filhos foram e são até hoje muito importantes nesse processo, nos apoiando e nos fortalecendo, caminhando conosco. O Senhor nos concede forças para passarmos pelo deserto, Ele caminha conosco ali, e com Ele nós somos mais do que vencedores em Seu amor, como escreveu o apóstolo Paulo: "Mas, apesar de tudo isso, somos mais que vencedores por meio daquele que nos amou" (ROMANOS 8:37).

Após essa turbulência em nossa vida, Sophia, já com 3 anos, foi diagnosticada com Transtorno do Espectro Autista (TEA) e, em razão disso, nossa rotina mudou totalmente. Eu deixei a carreira profissional para acompanhá-la nas terapias e consultas médicas. A situação financeira foi afetada, e as nossas prioridades mudaram. A demanda é grande e cansativa, mas todo esforço vale a pena para vê-la bem, conquistando e avançando dia após dia. Louvado seja Deus!

Recentemente, em fevereiro de 2024, depois de vários exames genéticos, descobrimos que Sophia tem uma síndrome rara, denominada *Alkuraya Kucinskas*. Com isso, entendemos o porquê de várias alterações que ela apresenta e seguimos incentivando e lutando para que ela tenha uma melhor qualidade de vida.

Ser mãe de uma criança atípica é uma tarefa difícil. Por vezes, nos sentimos intimidados pelo tamanho dos desafios, sejam eles relacionados à saúde, ao desenvolvimento, às finanças ou de cunho emocional. Na Bíblia, o Senhor nos diz: "Não tenha medo, pois estou com você; não desanime, pois sou o seu Deus" (ISAÍAS 41:10). Com fé, amor e coragem, a missão de criar e cuidar da nossa filha se torna uma grande lição de vida, e aprendemos que nos pequenos detalhes, o amor de Deus se derrama sobre nós. Não estamos sós!

Marcia Gavron, mãe da Sophia

Para refletir

A chegada do seu filho foi uma surpresa ou algo planejado?

Diante de desafios na saúde, saber que Deus promete estar com você lhe traz ânimo?

Em meio à correria das terapias desta semana, como você poderá ter momentos para observar e apreciar o amor de Deus por você?

Senhor, nesse momento eu intercedo por essa mãe, esse pai, essa família, que está refletindo sobre esse devocional. Que Tu ajas no coração deles! Que Tu derrames a Tua graça e o Teu amor e tragas sobre eles alívio, paz, esperança, renovo e sabedoria para enfrentar e vencer, cada desafio nessa importante missão de ser uma família atípica. Em nome de Jesus, amém!

Não tenha medo, pois estou com você;
não desanime, pois sou o seu Deus.
Eu o fortalecerei e o ajudarei; com minha
vitoriosa mão direita o sustentarei. [...]

Quando os pobres e necessitados procurarem água
e não a encontrarem, e tiverem a língua ressequida
de sede, eu, o SENHOR, os ouvirei; eu,
o Deus de Israel, jamais os abandonarei.
Abrirei rios para eles nos planaltos e lhes darei
fontes de água nos vales. Encherei o deserto
de açudes e a terra seca, de mananciais.
Plantarei árvores no deserto: cedro, acácia, murta,
oliveira, cipreste, abeto e pinheiro.
Assim, todos que virem esse milagre entenderão
o que ele significa: o SENHOR fez isso,
o Santo de Israel o criou.

ISAÍAS 41:10,17-20

Quando não entendemos

Olho nenhum viu, ouvido nenhum ouviu,
e mente nenhuma imaginou o que Deus
preparou para aqueles que o amam.
1 CORÍNTIOS 2:9

Sou mãe de uma menina, Beatrice, uma adolescente de 13 anos, autista grau 1 de suporte. Quando chegamos ao Brasil, havia somente um ano que ela tinha sido diagnosticada. Mudamos de continente em busca de tratamento para ela. Na Itália, país onde vivíamos, estão muito atrasados em relação ao conhecimento sobre o autismo. Ela sofreu muito *bullying* pelo autismo e por ser de origem brasileira, chegando a apanhar na escola!

Não penso que eu seja diferente das muitas mães de crianças autistas espalhadas pelo mundo afora. Temos em comum a experiência de ter vivido a agonia da espera pelo diagnóstico, a incompreensão, e de sermos vistas como aquela que procura problema onde não existe. Somos aquelas mães que têm a certeza de que nosso filho tem algo diferente, mas não sabemos exatamente o quê.

Eu passei por isso, você também? Mesmo dentro da comunidade atípica, às vezes, temos dificuldade de nos identificar com outras famílias em uma condição parecida. Além de ser TEA grau 1 de suporte, Beatrice possui altas habilidades e superdotação, com um QI de 134, o que a torna muito inteligente. Muitos julgam que ela tem um desenvolvimento normal e subestimam os prejuízos sociais e as crises pelas quais ela passa. Em casa, vivemos cada desafio intensamente, administrando sobrecargas sensoriais e isolamento social.

Vivi esse processo de diagnóstico como um processo de luto. É difícil dizer isso, mas me permita abrir meu coração, pois sei que muitas mães se sentem exatamente assim, mas não o expressam por medo de julgamentos, por pressões sociais ou por peso na consciência. O luto que vivi foi o de enterrar o ideal gerado junto com minha filha: os sonhos, as expectativas... Quando o diagnóstico chega, precisamos aprender a viver uma realidade para qual não estávamos preparadas. Porém, é incrível o agir do Espírito Santo em nosso coração quando nos encontramos sozinhas, e isso acontece muito, não é mesmo? Aliás, *cá entre nós*, como a nossa vida social muda. Vivemos uma espécie de prisão domiciliar, um isolamento de amigos, de parentes, de conhecidos, e até mesmo, às vezes, do nosso marido.

Voltando ao que o Espírito Santo faz em nosso coração, nós sempre ouvimos falar, nos sermões, nas canções ou na Bíblia que o Espírito Santo é Consolador. Depois que eu tive uma criança com autismo, pode parecer uma loucura, mas eu tenho experimentado um consolo extraordinário em meu coração! Essa experiência da maternidade atípica veio me ensinar muitas coisas, veio trabalhar vários aspectos em mim, inclusive alguns que eu sequer sabia que precisavam de mudança. Hoje olho para trás e vejo o quanto Deus já fez! O Senhor tem me ensinado dia a dia sobre Sua misericórdia, a confiar nele, a ver a vida com outros olhos, a enxergar a preciosidade da vida, a olhar as pessoas de outra forma, sobre piedade e compaixão. Hoje eu sei a diferença entre preço e valor. Versículos decorados e falados da boca para fora antes, hoje são entendidos em sua plenitude.

O que eu posso dizer a você, estimada mãe atípica? Hoje existem duas mulheres em mim: uma antes e outra depois da maternidade. E posso dizer com toda propriedade a você: essa mãe depois da maternidade atípica é infinitamente mais forte, melhor, mais humana, mais compreensiva do que aquela de antes. Hoje eu posso abraçar outras mães atípicas e falar: "Estamos juntas! Eu entendo você! Eu sei como é! Chore!". Juntas e em Cristo, somos mais fortes! Realmente, não tenho as respostas. Penso que existam coisas que saberemos somente quando estivermos diante de Deus na eternidade, mas o que eu sei é que, enquanto estivermos aqui, se procurarmos por Deus, Ele se revelará a nós. Se nos achegarmos a Ele, Ele se achegará a nós. Se abrirmos a porta do nosso coração, Ele virá e fará morada em nós!

Jesus se importa, Ele nos vê! Ele nos entende!

Sendo mãe atípica como você, posso lhe garantir uma coisa: os nossos pesares, as nossas dores e preocupações, se entregarmos a Jesus, ficarão muito mais leves. Jesus se importa, Ele nos vê! Ele nos entende! Na igreja que frequentamos, tive o privilégio de encontrar uma comunidade de mães com crianças autistas e com outros diagnósticos. Você não está sozinha. Há muitas outras mães que compartilham das mesmas angústias que você.

Tenho uma sugestão, por que não levamos nossas dores e angústias juntas a Jesus? O caminho, quando estamos sozinhas, pode ser mais rápido, mas juntas chegaremos mais longe! Você virá comigo?

Luciane, mãe da Beatrice

Para refletir

Como a maternidade atípica transformou você?

O que significa, na sua vida, saber que Deus é o Consolador do Seu povo?

Você se sente sozinha hoje ou se sentiu assim recentemente? Em que ambiente você pode encontrar amigas fiéis que a amparem?

Espírito Santo, assim como Tu te tornaste o meu melhor amigo, se essa mãe desejar, sejas o melhor amigo dela também. Que a paz de Deus, que excede o nosso entendimento, venha sobre a mente e o coração dessa mãe independentemente das circunstâncias. Alivia o fardo que ela carrega, enche o coração dela com a alegria que existe somente em Jesus. Que os olhos dela se abram para ver o que podemos enxergar somente com os olhos da fé. Concede a ela a esperança de que, quando estamos com Cristo, tudo vai bem! Em nome de Jesus, amém!

Preste atenção! Estou à porta e bato. Se você ouvir minha voz e abrir a porta, entrarei e, juntos, faremos uma refeição, como amigos.

APOCALIPSE 3:20

O perfeito amor afasta todo medo

Esse amor não tem medo, pois o perfeito amor afasta todo medo. Se temos medo, é porque tememos o castigo, e isso mostra que ainda não experimentamos plenamente o amor.

1 JOÃO 4:18

Quando recebi o diagnóstico de autismo do meu filho, Vicente, eu tive muitos medos: medo do futuro, medo do julgamento, medo da exclusão, medo de nunca ouvir a voz do meu filho... Mas decidi não paralisar diante deles e assumi uma posição firme. Apesar dos temores serem reais e até legítimos, eu sabia que o tempo era meu maior inimigo; logo, eu não podia perder tempo paralisada e intimidada pelos meus medos.

Certo dia, lembro de orar e entregar verdadeiramente tudo aos pés de Jesus. Então, este versículo veio à minha mente: "Esse amor não tem medo, pois o perfeito amor afasta todo medo. Se temos medo, é porque tememos o castigo, e isso mostra que ainda não experimentamos plenamente o amor" (1 JOÃO 4:18). Essa passagem me trouxe um conforto tão grande ao renovar a certeza de que, em Jesus, eu não preciso ter medo de nada. Isto é, situação alguma que possa acontecer nessa vida é maior do que o amor de Jesus por nós.

Esse versículo faz parte de uma carta escrita por João, o apóstolo do amor. Tanto no seu relato sobre a vida de Jesus (no evangelho de João) quanto em suas cartas, esse tema aparece com frequência. No capítulo 4 de 1 João, ele nos ensina sobre diversos temas: como fugir do engano, a prática do amor a um Deus invisível e ao próximo (que podemos ver), a rejeição ao ódio, e a confiança na salvação que vem de Jesus. Você já experimentou a salvação em Cristo? Ou seja, você já escolheu seguir Jesus, submeter-se à Sua vontade e ser completamente perdoada dos seus erros e restaurada por Ele? Se sim, você é livre! Se não, que tal fazer isso agora?

Não deixe seus medos serem maiores do que o Deus que você crê e serve!

Eu percebo que muitas de nós nos agarramos no primeiro trecho do versículo 18, apenas na promessa: "o perfeito amor afasta todo medo"; mas ela vem acompanhada de um "mandamento", uma condição. Para que possamos realmente conseguir afastar o medo por meio do perfeito amor, precisamos experimentá-lo, viver esse amor plenamente. Como fazer isso? Incluindo o nosso extraordinário Deus em nossa vida ordinária. E este é o meu convite para você hoje. Busque o amor de Deus, do momento em que você acordar até a hora de dormir, pois Ele está com você o tempo todo, de braços abertos para ouvir, cuidar e amar você! Basta você dar o primeiro passo em direção a Ele.

Não deixe seus medos serem maiores do que o Deus que você crê e serve!

Letícia Canalli, mãe do Vicente

Para refletir

Nos momentos em que você sente medo, você lembra que Deus a ama ou pensa que Ele a esqueceu?

Como podemos superar os medos que temos em relação ao futuro, a partir da Palavra de Deus?

A Bíblia fala que "certamente devemos amar uns aos outros" (1 JOÃO 4:11) por termos sido muito amados por Deus. Para quem você deveria expressar amor hoje?

Obrigada, Senhor, pelo Teu infinito amor! Eu te agradeço pela certeza de que em ti não precisamos temer nada, pois Tu és quem tem o controle dos nossos dias. Podemos ficar tranquilas sobre o nosso futuro, porque Tu já estás lá! Ajuda-nos a conhecer mais do Teu amor e a usufruir dele todos os dias. Em nome de Jesus, amém!

Amados, continuemos a amar uns aos outros,
pois o amor vem de Deus. Quem ama
é nascido de Deus e conhece a Deus.
Quem não ama não conhece a Deus, porque Deus é
amor. Deus mostrou quanto nos amou
ao enviar seu único Filho ao mundo para que,
por meio dele, tenhamos vida.
É nisto que consiste o amor: não em que tenhamos
amado a Deus, mas em que ele nos amou
e enviou seu Filho como sacrifício para o perdão de
nossos pecados. Amados, visto que Deus
tanto nos amou, certamente devemos amar uns aos
outros. Ninguém jamais viu a Deus.
Mas, se amamos uns aos outros, Deus permanece
em nós, e seu amor chega, em nós, à expressão
plena. Deus nos deu seu Espírito como prova
de que permanecemos nele, e ele em nós.
Além disso, vimos com os próprios olhos e agora
testemunhamos que o Pai enviou seu Filho
para ser o Salvador do mundo. Aquele que declara
que Jesus é o Filho de Deus, Deus permanece nele,
e ele em Deus. Sabemos quanto Deus nos ama e

confiamos em seu amor. Deus é amor,
e quem permanece no amor permanece em Deus,
e Deus nele. À medida que permanecemos em
Deus, nosso amor se torna mais perfeito.
Assim, teremos confiança no dia do julgamento,
pois vivemos como Jesus viveu neste mundo.

Esse amor não tem medo, pois o perfeito amor
afasta todo medo. Se temos medo,
é porque tememos o castigo, e isso mostra que ainda
não experimentamos plenamente o amor.
Nós amamos porque ele nos amou primeiro.
Se alguém afirma: "Amo a Deus", mas odeia seu
irmão, é mentiroso, pois se não amamos
nosso irmão, a quem vemos, como amaremos a
Deus, a quem não vemos? Ele nos deu
este mandamento: quem ama a Deus,
ame também seus irmãos.

1 JOÃO 4:7-21

Um presente de Deus

Pois eu o seguro pela mão direita, eu, o Senhor, seu Deus, e lhe digo: "Não tenha medo, estou aqui para ajudá-lo".

ISAÍAS 41:13

Após sete anos de casada e três anos de frustradas tentativas para engravidar, finalmente, no início de março de 1995, depois das férias de verão e com planos de iniciarmos um tratamento de fertilização, recebemos a notícia tão esperada: eu estava grávida!

A gravidez transcorreu normalmente, sem nenhuma intercorrência e, no dia planejado por Deus, chegou nossa menina, Carolina, às 6h10 da manhã, de parto normal. E, no mesmo dia, recebemos uma notícia inesperada: nosso bebê nasceu com Síndrome de Down (T21). Nossa alma se abateu. Foi um dia muito difícil para mim e para o meu marido. Ficamos aflitos!

Sentimos medo e incerteza diante do futuro. Eu ainda não conhecia tão bem o Senhor, mas posso ver que, desde aquele momento, Ele já estava ao nosso lado, segurando-nos pela mão e nos ajudando (VEJA ISAÍAS 41:13).

Eu, como mãe de "primeira viagem", que já ficava imaginado durante a gestação como seria o futuro dela, tive alguns sonhos (senão todos) indo por água abaixo quando recebemos tal diagnóstico. Hoje, ao refletir sobre aquele momento, não posso ignorar o que diz a Bíblia: "'Meus pensamentos são muito diferentes dos seus', diz o SENHOR, 'e meus caminhos vão muito além de seus caminhos'" (ISAÍAS 55:8).

O Senhor Deus sempre foi muito bondoso comigo e me presenteou com a vinda de minha filha para eu me achegar mais a Ele e conhecer o Seu infinito amor. Ele chamou a minha atenção com toda essa situação! Após um ano, na correria do dia a dia, adaptando-me à vida de ser mãe e indo em terapias de estimulação precoce para minha filha, aceitei um convite para participar de um estudo bíblico. E foi ali que realmente conheci Jesus como meu Salvador e Senhor.

Alguns anos depois, estava relembrando o dia do nascimento de minha filha, e o Espírito Santo me mostrou que, naquele dia, Jesus estava ao meu lado na maternidade, quando algumas irmãs em Cristo, amigas de minha mãe, vieram orar por mim. Lembrei-me da voz que escutei em meu coração quando elas rogavam a Deus por mim: "Não se preocupe". Guardo essa promessa em meu coração e sempre lembro dela quando algo me aflige com relação ao futuro.

Em outro momento, quando eu estava passando em frente à clínica à qual levei, durante algum tempo e várias vezes na semana, a minha filha ainda bebê para suas atividades de estimulação precoce (fisioterapia, fonoaudiologia, musicoterapia, terapia ocupacional), pensei em meu íntimo: *Como aguentei aquela rotina incessante, sempre com a preocupação no seu desenvolvimento?* E, no mesmo instante, o Senhor me falou: "Eu estive sempre com você". Fiquei muito emocionada. Jesus é maravilhoso!

"Confie no SENHOR de todo o coração; não dependa de seu próprio entendimento. Busque a vontade dele em tudo que fizer, e ele lhe mostrará o caminho que deve seguir" (PROVÉRBIOS 3:5-6). Essa orientação bíblica tem me direcionado ao longo desses 29 anos de caminhada. Todas as decisões e escolhas que tive ou ainda tenho que fazer, relacionadas às questões pedagógicas, de atividades extracurriculares, trabalho e outras, tenho sempre colocado diante do Senhor, aguardando o Seu direcionamento para aquilo que Ele planejou para a vida de minha filha, minha amada Carolina. E ela tem sido abençoada com o favor de Deus. Cacá é uma pessoa feliz, com autonomia e o mais importante: ama Jesus como seu Salvador e Senhor!

Karina, mãe da Carolina

Para refletir

Quais momentos na sua história de vida e maternidade foram mais desafiadores? E quais foram os mais reconfortantes e felizes?

Quais mudanças que a maternidade atípica trouxe para a sua vida que, inicialmente, você não aceitou, mas hoje vê que foram melhorias de Deus nos seus pensamentos e caminhos de vida (VEJA ISAÍAS 55:8)?

Há alguma escolha sobre a qual você deva orar e pedir orientação de Deus?

Senhor, graças te dou por estares sempre perto de mim e da minha família em todos os momentos de nossa vida, sejam eles felizes ou difíceis. Que o meu coração seja sempre grato e ensinável à Tua Palavra. Peço-te, encha o coração de quem lê esse texto com a alegria da Tua presença. Em nome de Jesus, amém!

Busque no Senhor a sua alegria,
e ele lhe dará os desejos de seu coração.
Entregue seu caminho ao Senhor;
confie nele, e ele o ajudará.

SALMO 37:4-5

Tudo é para a glória do Senhor

Quando Jesus ouviu isso, disse:
"A doença de Lázaro não acabará em morte.
Ela aconteceu para a glória de Deus, para que
o Filho de Deus receba glória por meio dela".
JOÃO 11:4

A chegada de um bebê é algo que gera um misto de sentimentos em todos que estão envolvidos nesse momento tão especial. Com quem o bebê vai se parecer, qual a cor dos olhinhos, dos cabelos, será menina ou menino? Ah, quanta expectativa!

Com nossa família não foi diferente. Estávamos casados há 4 anos e tínhamos tido uma experiência traumática, uma gravidez ectópica que me custou a retirada de uma tuba uterina. Logo, a tão sonhada gravidez nos parecia algo muito distante. De repente, engravidamos, iniciamos os exames e, quando fizemos o ultrassom, o nome surgiu: Ana Luiza, cujo significado é "graciosa guerreira". Imediatamente trocamos olhares, pois havíamos pensado em outro nome, mas desde o princípio Deus já tinha tudo preparado. Nos primeiros exames já foi constatado que minha filha teria algum tipo de deficiência. Então, o tão sonhado castelo de princesa desmoronou.

Experimentamos novamente um misto de sentimentos. Dessa vez, porém, eram outros: impotência, desânimo, questionamentos, críticas. Tive várias noites em que perdi o sono. Em uma delas, aos prantos, perguntei ao Senhor: *Por que, Pai? Em que pecamos?*

Com meus olhos cheios de lágrimas e com o coração despedaçado, pedi a Deus que falasse comigo em Sua Palavra. Abri a Bíblia e uma afirmação de Jesus me saltou aos olhos: "Quando Jesus ouviu isso, disse: 'A doença de Lázaro não acabará em morte. Ela aconteceu para a glória de Deus, para que o Filho de Deus receba glória por meio dela'" (JOÃO 11:4).

Nessa história bíblica, Lázaro, um amigo de Jesus, é acometido por uma grave doença. Suas irmãs, Maria e Marta, chamam Jesus e pedem o Seu socorro. O texto nos traz o relato de sentimentos misturados: medo, luto, indignação, angústia. Jesus então realiza um grande milagre, e "muitos dos judeus que estavam com Maria creram em Jesus quando viram isso" (v.45). Onde chega a luz de Cristo, surgem a esperança e a fé!

Daquela noite em diante, compreendi que nada foge aos olhos atentos do Senhor. Nossa vida está debaixo de Sua graça, e quando submetemos nossa vida ao senhorio dele, certamente somos usados para a Sua glória e engrandecimento do Seu Reino.

A chegada de nossa primeira filha, conhecida carinhosamente por todos como Aninha, nos trouxe a visão do amor genuíno, a simplicidade de amar a Deus, somente a Ele. Quantas vezes baixamos nossas cabeças, pensativos, e ela chega pertinho cantando algum louvor a seu modo. Muitas vezes, ela nos diz: "Vamos Pai do Céu", convidando-nos a orar, à sua maneira. Como é lindo ver a vida da Ana rendendo glória a Deus!

Hoje nosso lar está agraciado com dois propósitos de Deus: Ana e Pedro. Meu filho caçula também tem um desenvolvimento atípico, apresentando AH/SD. Ele tem um jeito próprio, questionador, com habilidades além do esperado. Mas, acima de tudo, Pedro sabe que nossa identidade não está vinculada a características nem a rótulos que recebemos, mas em sermos filhos do Altíssimo, usados para a honra e glória do Seu nome.

Ter um filho com deficiência ou transtorno não é fácil. Muitas vezes pensamos em desistir, nossas forças, por vezes, se esvaem e parece que não vamos conseguir. Por isso é muito importante termos pessoas ao nosso lado, ajudando-nos carinhosamente com palavras de conforto e ações. Deus tem nos cercado de pessoas maravilhosas, a igreja é um local em que renovamos nossas forças. Ela é mais que apenas um lugar, ela é a expressão do verdadeiro amor de Deus. Somos gratos por Deus ter confiado a nós essa missão mais que especial, e por nos mostrar que o verdadeiro amor lança fora todo o medo. Que Deus abençoe você grandemente!

Kariane, mãe da Ana e do Pedro

Para refletir

Seu filho tem algum comportamento ou expressão que o aproxima de Deus? Como ele reage a orações, histórias bíblicas ou canções?

Ao olhar para sua história e família, você consegue perceber que tudo nelas pode glorificar a Deus?

O que é central na sua identidade: algum rótulo ou ser filha amada de Deus?

Senhor, que a cada dia possamos ter a certeza de que tudo vem de ti, que nada foge do Teu controle e de Tua permissão. Abre nossos olhos para que vejamos a beleza da Tua criação. Que nossos filhos sejam usados por ti, e que o amor genuíno invada nosso coração. Renova nossa fé e nossa esperança para cumprir essa missão tão nobre confiada a nós. Oro no precioso nome de Jesus, amém!

Como são felizes os que têm o Deus de Jacó como seu auxílio, os que põem sua esperança no SENHOR, seu Deus. Ele fez os céus e a terra, o mar e tudo que neles há; ele cumpre suas promessas para sempre.

SALMO 146:5-6

O Senhor me vê

Antes, eu só te conhecia de ouvir falar;
agora, eu te vi com meus próprios olhos.
JÓ 42:5

Eu não me lembro do dia no qual me dei conta de que minha vida nunca mais seria típica. Na verdade, parece que ainda estou me inteirando disso. Assim, um pouquinho por vez.

Minha história, como a de tantas mães, foi acontecendo em meio a muito choro, percebendo algo fora do padrão, mas sem saber o quê. Minha filha era diferente, mas não tão diferente assim que chamasse atenção em um primeiro momento. Era inteligente, mas não do tipo extremamente talentosa. Falava bem desde muito pequena, mas passava despercebida por conta da timidez.

Sistemática, sim. Mas não tanto para se perceber em uma primeira conversa. Desde bebê, precisava saber como e onde tudo aconteceria. Nada podia ser alterado, nunca houve flexibilidade. Regras sempre foram absolutas. Nós, pais, éramos sempre considerados os culpados: "Pais muito rígidos". Mas sabíamos que não éramos.

Quando Julia tinha 4 anos, empreendemos as primeiras investigações, mas o laudo de AH/SD veio somente dois anos depois, com uma assincronicidade muito marcante. A neuropsicóloga indicou treinamento de habilidades sociais, mas eu não encontrei quem fizesse isso (ou talvez não tenha me empenhado o suficiente em tal procura). Ela me passou um livro enorme, do qual não consegui colocar quase nada em prática. *Coisas de uma mãe displicente*, posso ouvir as acusações.

Os anos foram passando e as comorbidades foram surgindo. Ansiedade social, fobia social, ansiedade generalizada, dores sem causas, mal-estar de nervosismo, crises cada vez maiores e mais intensas. Dificuldades enormes, principalmente no ambiente escolar. Dia sim, outro também, eu não sabia como lidar. Há quem pense que existe apenas alegria nas AH/SD, mas essa nunca foi a nossa realidade.

Como os acompanhamentos psicológicos não deram resultados, voltamos à avaliação. E aqui estamos novamente, Julia agora com 12 anos. Esperando um novo laudo, nova orientação, novo começo e recomeço. Talvez um diagnóstico tardio que mude tudo, talvez não. Mas ainda não temos respostas.

Não sei, de fato, quando percebi a realidade mudar. Mas, com certeza, o dia em que mais tive medo foi quando olhei para meu marido e vi nele todas as características da minha filha atípica. E agora? Avaliação também. Depois de 15 anos de casados, precisaremos recomeçar e nos reconectar.

Na verdade, eu não sei como é uma vida típica, mas sei que minha vida atípica seria muito pior sem Deus. Não, Ele não me adiantou nenhum laudo. Ele não fez professores entenderem minha filha magicamente; não abriu a comunicação como já abriu o mar Vermelho. Eu sei que Deus pode fazer todas essas coisas, mas o processo que Ele tem trazido sobre nossa família parece ser outro. Ele vem transformando a minha vida e o meu relacionamento com Ele.

Ele me vê.

Lembro-me de um dia muito desafiador: o dia quando entendi que teria de passar por nova investigação, mais 10 a 13 sessões; que essa conta seria financeiramente difícil de pagar; que precisava ser com um profissional que fosse muito experiente, tanto em AH/SD quanto em outros transtornos; que havia a possibilidade de receber um diagnóstico tardio, e isso dificultaria tratamentos futuros.

Eu não tinha com quem falar. Meu coração parecia que estava sendo esmagado. Então fui para a sala de oração. Nos primeiros minutos, eu apenas chorei nos braços de Jesus, contei para Ele tudo que estava sentindo. Entreguei todas as lágrimas que estavam me sufocando. Ele então falou comigo, como uma forte impressão no meu espírito, que via meu coração e estava feliz em me ver cuidando de alguém que Ele também amava muito.

Naquele dia eu entendi que, por mais que eu amasse minha filha e quisesse impedir todo o sofrimento que ela passava, por mais que eu tentasse com todas as minhas forças cuidar dela, Jesus a amava mais do que eu. Tudo que eu fizesse ainda seria pouco comparado ao cuidado que Ele tem para com ela! E, enquanto eu orava e chorava, Ele olhava para mim. Tratava meu coração. Ensinava-me sobre o verdadeiro amor. Ele me via em meio ao meu desespero. Enquanto eu chorava por minha filha e família, Ele me colocava no colo e me chamava de filha amada. Tratava minhas feridas de pertencimento, restaurava-me.

Antes de tudo isso, eu conhecia o Senhor somente de ouvir falar. Hoje eu o vejo com meus olhos. Sou capaz de sentir Seu amor me envolver em uma manhã que começa calma, antes mesmo da casa acordar. Amo deixar as luzes apagadas esperando o Sol da manhã clarear todo o ambiente. Uma lembrança singela que Ele me traz luz, paz e calmaria todas as manhãs.

Quando eu choro desesperadamente minhas angústias e medos, ouço o Senhor me chamar de filha e dizer que me vê. Enquanto espero sessões intermináveis de investigação, Ele está comigo na sala de espera. Enquanto respiro profundamente até minhas costelas doerem, Ele me ajuda a repetir que Ele é o Deus de toda esperança e paz. Quando perco o sono com medo do futuro, Ele repete que os planos dele são sempre melhores que os meus. Ele me consola lembrando "que Deus faz todas as coisas cooperarem para o bem daqueles que o amam" (ROMANOS 8:28).

Grace, mãe da Julia

Para refletir

Como foi, para você, identificar os primeiros sinais da necessidade específica do seu filho? Houve sentimento de acusação?

Qual é a diferença entre conhecer Deus de ouvir falar e vê-lo com os olhos da fé?

Você ama muito seu filho, mas está aberta a ser amada como filha por Deus Pai?

Jesus, meu amigo, meu companheiro fiel. Oro para que te reveles presente e real à pessoa que lê essa oração. Oro para que a Tua mão seja perceptível a ela, guiando-a a cada passo. Que ela veja o Teu olhar atento a todas as necessidades dela, inclusive as emocionais. Tu és o Deus que se importa! Revela a ela, neste momento, mediante Teu envolvente amor, que há descanso no Teu colo, existe alegria no caminhar contigo. Em Teu nome, amém!

Deus sempre faz o melhor

Pois estas aflições pequenas e momentâneas
que agora enfrentamos produzem
para nós uma glória que pesa mais que todas
as angústias e durará para sempre.
2 CORÍNTIOS 4:17

No dia 16 de janeiro, nossa casa deveria estar em festa. Havíamos preparado com carinho o chá revelação do nosso terceiro filho, ansiando por momentos de alegria e celebração com a família. Contudo, em vez de descobrirmos o sexo do bebê, fomos confrontados com uma notícia inesperada: a translucência nucal revelou que nossa filha tem trissomia do cromossomo 13, conhecida como síndrome de Patau. O que era para ser um dia de felicidade transformou-se em um momento de pranto. A síndrome de Patau traz inúmeras complicações no desenvolvimento do bebê. Nossa filha apresenta má formação no cérebro, rosto, coração e aparelho digestivo. Devido a essa condição, sua expectativa de vida é extremamente limitada, e os médicos dizem que provavelmente serão poucas horas após o parto.

Esse diagnóstico terrível trouxe consigo uma avalanche de tristeza e lágrimas ao longo de toda a gestação. Entretanto, ao invés de deixar que nossas lágrimas nos destruíssem, permitimos que elas nos levassem ao trono do Pai, onde descobrimos lições preciosas que jamais aprenderíamos em outros momentos.

Nesse período de provação, não tem nos faltado a presença maravilhosa de Jesus Cristo ao nosso lado. Enquanto escrevo este texto, estou no sétimo mês de gestação. Desde que recebemos o diagnóstico, tenho orado por cura, pois a Bíblia nos revela em Lucas 1:37 que nada é impossível para Deus. Mesmo assim, estamos cientes de que Ele pode levá-la logo após o nascimento, ou conceder-nos a graça de termos uma bebezinha especial por algum tempo. Temos aprendido a esperar no Senhor e a confiar em qualquer decisão que Ele tomar, pois acreditamos que todas as coisas cooperam para o bem daqueles que amam a Deus.

O que de fato acontecerá? Não temos essa resposta. Por isso, decidimos confiar na soberania do Senhor, acreditar que Seus desígnios são maiores que os nossos e que Ele será glorificado por meio de nossa amada filha. Enquanto esperamos, temos experimentado uma paz que vai além do nosso entendimento, a alegria do Senhor que nos fortalece independentemente das circunstâncias e o amor do Pai Eterno que nos lembra diariamente que não estamos à mercê da situação, pois estamos protegidos pelo Pai celestial. "Aquele que habita no abrigo do Altíssimo encontrará descanso à sombra do Todo-poderoso" (SALMO 91:1).

Talvez você esteja passando por algo semelhante, tendo recebido um diagnóstico terrível e sentindo um crescente desespero, com a aflição e o temor invadindo seu coração e mente. Talvez você se pergunte: enquanto espero o desfecho dessa história, como posso me desvencilhar dessas emoções nocivas e indesejáveis?

Nossa filha possui más-formações, e sabemos que isso não faz parte do propósito original de Deus para ela, pois Ele fez tudo perfeito. Ela sofre as consequências de nascer em um mundo afetado pelo pecado, que inclusive afeta nossa genética. Um dia, Deus ministrou ao nosso coração, dizendo que nós mesmos também não somos perfeitos, nem biológica nem mentalmente.

Também somos seres com inúmeras más-formações, deficientes de diversas maneiras, deformados pelo pecado que afetou toda a nossa existência. Por isso, Jesus precisou vir para nos curar, restaurar, fazer novas todas as coisas, prometendo que nos dará um novo corpo glorificado e nos proporcionará a vida eterna. Deus não está satisfeito nem com nossa condição, nem com a de nossa filha; por isso proveu a solução em Jesus Cristo!

Ao pensar no pouco tempo que provavelmente teremos com ela, o Senhor mais uma vez falou ao nosso coração, dizendo que o mesmo ocorre conosco. Fomos criados para a eternidade, mas o pecado trouxe a morte à nossa realidade, fazendo com que nossa vida seja como uma fumaça, que hoje nasce e amanhã desvanece. Por isso, Jesus veio para restaurar todas as coisas e nos dar vida eterna. Jesus morreu por nós, e por isso temos a convicção da vida eterna que receberemos. Mesmo que nossa filha viva apenas algumas horas ou dias, sabemos que ela estará eternamente na presença de Cristo, e um dia a reencontraremos. Não estamos nos preparando para sua morte, mas para o início de sua vida eterna. Nosso papel hoje é amá-la intensamente, não importando o tempo que teremos com ela.

Humildemente, gostaria de compartilhar com você a resposta que tem me ajudado: busque o Senhor Deus de todo o seu coração. Fale com Ele sobre suas emoções. Chore na presença dele. Creia que você não está sozinha; saiba que Ele a levará no colo durante esse percurso, se você permitir. Somente Ele tem o poder para transformar o desespero em esperança, a aflição em paz e o temor em coragem para seguir em frente. Acima de tudo, confie nele, pois Ele já providenciou a solução para tudo em Jesus Cristo.

Eridan, mãe da Zoe (in memoriam)

Para refletir

Quando falamos de assuntos difíceis, como doenças graves e até a morte, você sente paz, profunda angústia ou outro sentimento? Nessas horas, como buscar genuinamente a Deus?

A Bíblia diz que os sofrimentos dessa vida não se comparam à glória da vida eterna com Deus. Pensar nisso traz conforto ao seu coração?

Como podemos apoiar famílias que passam pela perda de seus filhos?

Senhor, confiamos na Tua soberania e amor. Louvamos o Teu nome pelos Teus grandes feitos. Reconhecemos que a Tua vontade, mesmo que não a compreendamos, é a melhor para nossa vida. Ajuda-nos a glorificar o Teu Santo nome nos dias bons e nos dias maus. Em nome de Jesus, amém!

O Senhor recolheu a pequena Zoe alguns dias após a escrita deste texto.

O que Deus faz é perfeito

O caminho de Deus é perfeito;
as promessas do SENHOR *sempre*
se cumprem. SALMO 18:30

Quando eu era criança e me perguntavam o que eu queria ser quando crescer, eu dizia algumas profissões que eu admirava, como professora, secretária, cabelereira, entre outras. Mas no íntimo do meu coração eu queria dizer: "Quero ser mãe!". O amor e carinho que minha mãe Martinha me dedicava eram tão maravilhosos e me transmitiam uma sensação tão aconchegante que me despertava o desejo de um dia ter um filho e transmitir a ele esse mesmo amor.

Eu tinha 38 anos quando conheci o Mauro, o homem que o Senhor preparou para mim. Casei-me aos 39 anos e, um ano depois, decidimos engravidar. Fizemos todos os exames, mas infelizmente não estava tudo bem com a minha saúde. Nos exames foram constatados miomas em meu útero, e recebemos a triste notícia de que, se não conseguíssemos engravidar em seis meses, provavelmente eu não conseguiria mais ser mãe. E assim, mês a mês, minhas esperanças iam se esvaindo… até que, no último mês do prazo que minha médica tinha me dado para engravidar, Deus realizou o meu milagre! No instante em que vi o teste, eu sabia que era ele, o meu Joaquim. Esse nome bíblico significa "Deus formou", ou "Deus concedeu". Mauro e eu começamos a planejar tudo, principalmente o futuro do Joaquim, e a janela para o horizonte do futuro do nosso menino era muito ampla, enxergávamos muito longe e assim construímos grandes sonhos para a vida dele.

Quando meu filho estava com seis meses de vida, eu comecei a perceber alguns comportamentos atípicos para sua idade, pois apresentava atrasos em alguns aspectos psicomotores, fala e autonomia. Porém, com apenas um ano, ele lia o alfabeto em português e inglês e escrevia palavras simples com o alfabeto móvel. O que me intrigava era que o meu filho lia e escrevia, no entanto, não estabelecia diálogo. Mesmo com a minha percepção de que o seu desenvolvimento era diferente, as pessoas me diziam que meninos eram assim mesmo, demoravam mais para se desenvolver. Ouvi também que ele era assim porque eu o mimava demais e não o ensinava como deveria. Foi aí que meu marido e eu procuramos duas neuropediatras e, quando Joaquim estava com 2 anos e 6 meses, recebemos o diagnóstico de que ele era "portador de autismo" (como se dizia anteriormente).

Por mais amor e confiança que tínhamos em Deus, no momento do fechamento do diagnóstico, eu fiquei cega, sem chão, minha mente e meu coração se esvaziaram. Fiquei vulnerável como um soldado desarmado na guerra. Eu entrei em luto, pois perdi a imagem do futuro do meu filho que o Mauro e eu havíamos sonhado. Naquele dia, e por muitos dias seguidos para mim, não existia mais horizonte, nem janela e muito menos luz. Fiquei no escuro!

Na verdade, eu pensei que estava no escuro, mas não; Deus, com toda paciência e carinho, acolheu-me em Seus abraços e tornou o meu marido o meu porto seguro para me ajudar. O Senhor também me conduziu a um grupo de mães com filhos atípicos. Essas mulheres se deixaram usar como instrumentos nas mãos de Deus! Elas, com suas próprias mãos, ergueram a minha cabeça e, até hoje, quando me deixo esmorecer, elas me trazem à memória estas palavras: "Quem se compara ao SENHOR, nosso Deus, entronizado nas alturas? Ele se inclina para ver o que acontece nos céus e na terra. Levanta do pó o necessitado e ergue do lixo o pobre. Coloca-os entre príncipes, entre os príncipes de seu povo. Dá uma família à mulher estéril e a torna uma mãe feliz. Louvado seja o SENHOR!" (SALMO 113:5-9).

Hoje, por mais que a sociedade enxergue meu filho como imperfeito, vejo que tudo o que Deus faz é perfeito. Todos os dias confio que o amanhã a Deus pertence, eu não preciso me preocupar com o futuro, pois o Senhor deseja que eu descanse nele. Entendi que o propósito do Senhor para com a minha vida a respeito do meu filho, além de ensinar o caminho que ele deve andar (VEJA PROVÉRBIOS 22:6), é de dar amor e abraços aconchegantes ao Joaquim. No Salmo 18:30-36, o Senhor me diz que, quando as minhas pernas bambearem diante de palavras capacitistas, Ele é a minha rocha firme onde posso me apoiar; quando o neurologista prescrever um tratamento e todas as vozes ao redor falarem da dificuldade de conseguir vaga ou profissional habilitado, o Senhor diz que Ele está indo à minha frente, removendo os obstáculos do meu caminho; se meu filho apresentar certa regressão quando eu ainda estiver comemorando a última evolução, o Senhor me diz que torna ágeis os meus pés e me estende a mão para eu prosseguir em caminhos íngremes. No final de qualquer percurso, Deus já terá cuidado de tudo e ficaremos bem. Ele me protege com Seu escudo das flechas lançadas por pessoas que desconhecem o que é realmente o TEA. O Senhor Deus me engrandece com o Seu socorro.

Cada uma de nossas jornadas é única e tem um propósito especial. Deus, em Sua infinita sabedoria, conhece cada um de nós profundamente e sabe o que é melhor para nossa vida, mesmo quando não entendemos o Seu plano. A diversidade de experiências, habilidades e formas de ser faz parte da beleza da criação divina.

Que possamos confiar no amor e na sabedoria de Deus, sabendo que Ele está ao nosso lado em todos os momentos. Que a graça divina encha o seu coração de paz, alegria e esperança, lembrando sempre que todos nós, em Cristo, somos perfeitos aos olhos do Criador.

Claudia Maria, mãe do Joaquim

Para refletir

Há alguma mulher que a inspira em sua maternidade? Por quê?

"[Deus] Dá uma família à mulher estéril e a torna uma mãe feliz" (SALMO 113:9). Você tem vivido a felicidade de Deus em seu lar?

Sua caminhada tem sido solitária, ou você tem amigas e companheiras que a apoiam nos momentos difíceis? Se sim, você conhece alguém que está só e precisando ser acolhida por vocês? Se não, onde encontrar esse grupo?

Querido Deus, obrigada por me fazeres enxergar a perfeição e a beleza nos caminhos que o Senhor abriu em minha vida e em tudo o que o Senhor criou. A ti, meu Deus, toda honra e toda a glória, pois tudo que fizeste e fazes é perfeito. Em nome de Jesus, amém!

Expectativas...

Alegre-se, mulher favorecida!
O Senhor está com você!
LUCAS 1:28

A gravidez gera expectativas para os envolvidos a cada semana gestacional do bebê. Afirmar que não temos sonhos gerados em relação a criança que está no ventre é uma confissão desonesta, mesmo que tais expectativas (positivas ou não) sejam implícitas.

No meu caso, com a chegada do terceiro filho, pensei que seria fácil os desafios do novo integrante da família por já ser mãe de um casal de filhos; na minha cabeça apenas acresceria mais uma criança no meu universo materno diário. No entanto, com o nascimento da Mariana, cujo pré-natal não acusara indício algum de ela ser uma criança sindrômica, minha perspectiva de mundo mudou diante da notícia do diagnóstico da Síndrome de Down (T21). Percebi que não tinha domínio ou controle do que estava acontecendo, e me assustava o rumo que minha vida e família iriam tomar dali por diante.

Sentia que ninguém poderia me ajudar, a não ser Deus ao mudar o destino do cromossomo a mais no par 21 nas células da minha filha, isso faria com que a minha menina tivesse uma vida "normal". Foi exatamente neste ponto que Deus falou comigo, afinal, o que é ser normal? Busquei a Deus no íntimo da minha alma angustiada e pensei como Ele poderia me ajudar nessa situação tão dramática que nunca havia vivido. Descobri nesse tempo que a Bíblia revela a mensagem da cruz como a resposta para tudo, inclusive para minha dor naquele momento.

Foi por meio da vida de Maria, mãe de Jesus, que minha visão de realidade começou a ser transformada. Maria era adolescente e solteira quando soube, pelo anjo Gabriel, que seria mãe do Cristo, Filho de Deus, o Salvador. Ela desconhecia como e quando o propósito de seu filho se desenrolaria na Terra. Ela somente aceitou o presente da maternidade entregue em sua casa em Nazaré. Jesus me consolou e me encorajou pelo exemplo de Sua mãe que confiou em Deus para seguir sua trajetória materna com seu filho tão aguardado por seu povo. Ela participou intensamente da vida de Jesus, que se revelou a todos progressivamente fora da normalidade humana, até completar Sua missão e se tornar o modelo ideal de homem para todo o mundo.

Sim, a mulher mais bem quista e festejada nos Céus apenas confiou e entregou tudo a Deus, sabendo que Ele tem poder para se manifestar grandemente em nossa vida (mães) e de nossos filhos, mesmo que não saibamos os meios e as maneiras de como tudo acontecerá. Quanto a isso, a nossa parte é confiar, entregar e aguardar em Deus, pois Ele tem acesso a tudo que precisamos diante de nossas expectativas.

Ana Paula, mãe da Mariana

Para refletir

O que é ser “normal”?

____

____

____

____

A história de Maria, a sua entrega, submissão a Deus e alegria inspiram o seu maternar?

____

____

____

____

____

Pelo que você pode exaltar o nome de Deus hoje?

____

____

____

____

____

Senhor Jesus, obrigada pela oportunidade de te conhecer mais mediante os planos e os propósitos que tens para os nossos filhos. A espera para que algo aconteça pode nos angustiar, mas a Tua história de vida nos revela que aguardar em Deus é o melhor lugar em que podemos estar. Acontecimentos bons e ruins sempre existirão nesta vida, que em todos eles o Senhor esteja ao nosso lado. Senhor, que a Tua presença nos baste. Em Teu nome, amém!

Maria disse: "Sou serva do Senhor.
Que aconteça comigo tudo que foi dito a
meu respeito". E o anjo a deixou. [...]

"Minha alma exalta ao Senhor!
Como meu espírito se alegra em Deus, meu
Salvador! Pois ele observou sua humilde serva,
e, de agora em diante, todas as gerações me
chamarão abençoada. Pois o Poderoso é santo,
e fez grandes coisas por mim. Demonstra
misericórdia a todos que o temem, geração após
geração. Seu braço poderoso fez coisas tremendas!
Dispersou os orgulhosos e os arrogantes.
Derrubou príncipes de seus tronos e exaltou os
humildes. Encheu de coisas boas os famintos
e despediu de mãos vazias os ricos."

LUCAS 1:38,46-53

Luto e fé (parte 1)

Felizes os que choram,
pois serão consolados.
MATEUS 5:4

Vitor veio em um momento de muitas expectativas, afinal, nosso primogênito era aguardado havia cinco anos. Lembro-me dos preparativos para a chegada dele, do enxoval e daquela atmosfera que envolvia tal acontecimento. Enfim, no final de setembro de 2011 ele chegou, lindo e bem "japinha", como eu sempre dizia ao meu marido.

Os primeiros meses foram passando e percebi que ele não dormia. Era uma criança agitada, nervosa, por vezes batia a cabeça na parede de irritação. Certa vez, assisti uma reportagem na televisão que me chamou atenção sobre algumas características de crianças autistas, e tive um aperto no coração, pois se encaixavam com o jeitinho dele.

Os anos foram passando e algumas reações continuavam estranhas, jogava-se no chão no meio do supermercado, demorou a falar, não interagia com as outras crianças... Quando ia jogar bola, ao invés de participar do jogo, ficava olhando os passarinhos que passavam. Algo de diferente acontecia, mas eu não entendia exatamente o que era. Meu marido tentava me acalmar, dizendo-me que era normal, que cada criança era de um jeito e tinha o seu tempo próprio.

Tivemos alertas de diversas pessoas, desde a diretora de uma escola que ele estudou até uma missionária que hospedamos em casa. Depois de muito insistir, numa manhã de muita tensão, meu marido André e eu recebemos a devolutiva dos testes do Vitor: sim, ele era autista. Por mais que no fundo já soubéssemos, a confirmação veio como uma facada no peito. Doeu muito! Lembro-me que chorei por três dias sem parar e naqueles dias de dor comecei a identificar os meus sentimentos. Parecia que meu filho sonhado havia morrido, que todos os meus sonhos idealizados tinham desaparecido em minutos.

Começaram as incertezas e os medos na minha cabeça e isso me trouxe o desespero. Uma delas, por exemplo, era se um dia o Vitor chegaria a entender o que significa aceitar Jesus como único e suficiente Salvador. Será que um dia teríamos o privilégio de ver o seu batismo? Ele falaria?

Certa manhã, aceitei que nosso filho teria várias limitações e entendi que precisava entregá-lo ao Senhor e que Jesus faria a Sua obra. "Ainda que a figueira não floresça e não haja frutos nas videiras, ainda que a colheita de azeitonas não dê em nada e os campos fiquem vazios e improdutivos, ainda que os rebanhos morram nos campos e os currais fiquem vazios, mesmo assim me alegrarei no Senhor; exultarei no Deus de minha salvação!" (HABACUQUE 3:17-18).

Passei a orar especificamente por isso, deixando que o Senhor cuidasse de tudo. Tive bom ânimo e a palavra do Senhor veio novamente: "Grande é sua fidelidade; suas misericórdias se renovam cada manhã" (LAMENTAÇÕES 3:23). Vieram provações, lutas, mas o Senhor foi conduzindo cada situação, colocando pessoas para ministrar na nossa vida, para caminhar conosco e com Vitor.

Integrá-lo no ministério infantil foi um primeiro desafio. Fomos agraciados em ter um pastor da igreja que ficava com ele, para que eu pudesse participar dos cultos com meu marido. Depois soubemos que a nossa igreja havia iniciado um ministério para cuidar de pessoas autistas, onde tivemos apoio e suporte para iniciarmos a inclusão dele na igreja. Esse foi o começo do ministério de inclusão com neurodiversos em nossa comunidade de fé.

Na mesma medida em que minha fé aumentava, os medos e incertezas desapareciam e pude perceber o quanto os sonhos de Deus eram maiores que os meus. "Ele lhes enxugará dos olhos toda lágrima, e não haverá mais morte, nem tristeza, nem choro, nem dor. Todas essas coisas passaram para sempre" (APOCALIPSE 21:4). Algum tempo mais tarde, o Vitor começou a sentir a necessidade de interagir com meninos da idade dele e conheceu o ministério Embaixadores do Rei, onde experimentou sentimento de pertencimento e amizade. O nível de envolvimento dele é tamanho que não perde nenhuma reunião, nenhum retiro! E foi lá que ele teve sua experiência de fé com o Senhor. Sim! Ele aceitou a Jesus e pediu o seu batismo! Hoje ele é um jovem com hiperfoco em Jesus, ávido pela leitura bíblica, vivendo plenamente a alegria no Senhor.

Vitor é um pré-adolescente que busca a Deus, vive intensamente esse momento de sua vida, entende sua condição (embora nem sempre aceite...) e começa a fazer planos para os estudos. Meu marido e eu continuamos ativos no ministério de inclusão em nossa igreja, acolhendo, servindo, doando e buscando o acolhimento das famílias atípicas na igreja e na sociedade.

Cintia, mãe do Vitor

Obrigada Deus, pois em todo tempo eu pude buscar o Teu colo para chorar, eu pude me fortalecer em Tua Palavra e nos hinos de louvor, e sentir a Tua presença. Experimentei Teu consolo de uma forma inexplicável, eu consegui te sentir e ouvir a Tua voz, e isso fez com que eu te buscasse ainda mais e mais. Louvado seja o Teu nome em todo tempo, em ti me alegro e a ti consagro meus filhos. Em nome de Jesus, amém!

Luto e fé (parte 2)

Felizes os que choram,
pois serão consolados.
MATEUS 5:4

O diagnóstico do nosso filho Vitor foi um turbilhão de emoções: dúvidas e incertezas simultâneas no dia a dia das terapias, a falta de conhecimento sobre o assunto e até a negação. Demorei muito a aceitar a condição do TEA dele (motivo da demora do início do tratamento), não por prepotência ou por soberba, mas simplesmente porque aquilo que estava sendo demonstrado nas sessões era muito familiar e eu não achava nada de diferente dentro da minha experiência de vida. Dizia que isso era normal do homem, "ficar na caixa", não querer conversar. De repente, me vi em um cruzamento, onde passado e presente se entrelaçavam numa caminhada confusa, mas conhecida: um *déjà-vu*.

De repente, me vi em um cruzamento, onde passado e presente se entrelaçavam numa caminhada confusa...

Após muita insistência por parte da minha esposa, Cintia, resolvi fazer os testes e tirar essa dúvida. Na verdade, não havia dúvida, mas sim a necessidade de comprovação que veio de forma clara e límpida: a genética prevaleceu! Essa verdade trouxe muitas explicações de comportamentos estranhos e, por vezes, inadequados da minha parte. Pude aceitar minhas limitações sociais, minhas frustrações e cansaço. A partir do diagnóstico, vivi entendimentos e interações únicas com meu filho, seja nas nossas manias, na forma rígida como reagimos a algumas situações, seja nos momentos de quietude em meio à nossa rotina, muitas vezes, caótica.

André, pai do Vitor

Senhor, agradeço-te pela oportunidade de compreender melhor a minha realidade, as minhas limitações. Ensina-me diariamente a confiar na Tua direção e a me manter firme no Teu propósito para minha vida. Que mais homens possam descobrir a verdade sobre eles mesmos e que possam viver de forma cada vez mais plena no Teu Espírito Santo. Em nome de Jesus, amém!

Para refletir

Você já perguntou a Deus quais são os sonhos dele para seu filho?

Como Deus consola nosso coração em meio à dor emocional e ao choro?

Quando outros familiares também têm alguma condição ou deficiência, como isso pode se tornar ponte para o relacionamento entre eles?

Extraordinário amor

Naqueles dias, quando vocês clamarem
por mim em oração, eu os ouvirei.
Se me buscarem de todo o coração,
me encontrarão.
JEREMIAS 29:12-13

"Tudo que acontecer será para honra e glória do meu nome!" Essa foi a resposta de Deus ao meu coração alguns dias antes do parto da nossa segunda filha. Nossa família nasceu no coração de Deus: meu marido Ricardo, eu, nosso filho Daniel e nossa princesa Juju. Estávamos realizando o sonho de ter nossa filha; porém, no final da gestação, sofri a rotura de uma artéria uterina, e nossa bebê teve um quadro severo de hipoxia e ficou com muitas sequelas neurológicas. Nós duas sobrevivemos por um milagre extraordinário de Deus!

A partir daquele momento experimentamos um misto de emoções e sentimentos em nosso coração, com gratidão tremenda pela vida, esperança e fé na busca pela cura. As primeiras horas, dias, semanas, meses e até anos foram uma sequência de notícias e de descobertas difíceis sobre um prognóstico sem perspectiva alguma de melhora ou desenvolvimento no quadro de paralisia cerebral. O que tínhamos era uma espera dolorosa pela chegada imprevisível de um desfecho triste.

Cuidamos da nossa princesa por um ano na UTI hospitalar e praticamente mais oito anos em *home care* (internamento domiciliar). Foi um tempo muito desafiador, fomos provados em nossa fé, chegamos ao limite físico, emocional e espiritual que o sofrimento profundo pode trazer. Vivemos dias de angústia e dores intensas pela impotência, pela frustração, por ver o sofrimento da nossa filha e não conseguirmos mudar a realidade difícil que vivíamos.

Entretanto, na mesma proporção que passamos pelas experiências mais devastadoras da nossa vida, pudemos conhecer com profundidade o extraordinário amor de Deus. Ele é Senhor de todas as coisas! Ele prometeu não nos desamparar e nos sustentou com Sua poderosa mão. Ele estava conosco em todo o tempo, nos presenteou com alegria, consolo, paz, supriu nossas necessidades financeiras, caminhou junto conosco em nosso relacionamento conjugal e familiar. Ele, o Deus Todo-Poderoso, renovou Suas misericórdias sobre nós em cada manhã e nos deu esperança e confiança de que os Seus planos são melhores do que os nossos.

Lembro-me de que uma das situações que vivemos foi com relação à dúvida em nosso coração. Às vezes, pessoas verbalizavam esse questionamento. Que pecado havíamos cometido para merecer tudo aquilo? O sentimento de culpa era devastador! Eu varri todo o meu passado minuciosamente, desde a minha infância buscando algo que pudesse ter cometido de tão grave. Porém, o maravilhoso Deus, com uma mansidão tremenda, falou comigo por meio do evangelho de João: "'Rabi, por que este homem nasceu cego? Foi por causa de seus próprios pecados ou dos pecados de seus pais?'. Jesus respondeu: 'Nem uma coisa nem outra. Isso aconteceu para que o poder de Deus se manifestasse nele'" (9:2-3).

Nossa amada filha, Julianne, com quase 9 anos, voltou para os braços do Pai. Ela cumpriu sua missão e deixou um legado gigante! Ela foi a grande evidência de que tudo que acontecesse era para manifestar a glória de Deus durante esse tempo. Ao longo desses anos, a resposta à minha oração, baseada em

João 9, sustentou-me muitas vezes, pois me deu a convicção de que tudo estava sob o controle de Deus e fazia parte do Seu plano para a nossa vida.

O Senhor nos ensinou muito sobre Ele mesmo e sobre a vida de Cristo em nós. Aprendemos a amar incondicionalmente, aprendemos sobre o amor extraordinário de Deus, sobre o perdão, sobre a dependência de Deus. Desfrutamos de muitas bênçãos, aprendemos sobre a fidelidade de Deus e como Ele cumpre cada uma de Suas promessas registradas nas Escrituras.

É possível ser feliz e caminhar com alegria ao lado de Jesus. Não feche a sua comunicação com o Senhor! Converse com o Pai, coloque toda a sua ansiedade e suas preocupações diante dele, pois Ele ouve a nossa oração e Ele deseja nos ajudar. Ele é o socorro presente na angústia!

Deus garante que nos dias de angústia nós temos a quem recorrer: "Naqueles dias, quando vocês clamarem por mim em oração, eu os ouvirei. Se me buscarem de todo o coração, me encontrarão" (JEREMIAS 29:12-13). É promessa dele para você e para mim. Ele é fiel, o Seu amor e a Sua graça são imensuráveis. Apesar de todo o sofrimento, tivemos experiências incríveis com o Senhor, marcas profundas do cuidado e do extraordinário amor de Deus conosco durante o nosso tempo de aflição.

Deus tem propósito em todas as coisas! Nossa história se transformou em um livro que tem inspirado muitas pessoas a perseverarem em sua jornada com fé em Deus, sendo fortalecidos pelo Senhor. Também temos acolhido mães e pais que passam pela perda de filhos, pois confiamos e cremos que um dia nos reencontraremos com eles na eternidade, onde não há choro nem tristezas. No lindo Céu, iremos celebrar juntos com nossos filhos e com Jesus.

Ele nos encoraja em todas as nossas aflições, para que, com o encorajamento que recebemos de Deus, possamos encorajar outros quando eles passarem por aflições. 2 CORÍNTIOS 1:4

Dani, mãe da Julianne (in memoriam)

Para refletir

Como honrar a memória dos nossos entes queridos que já partiram?

Você viveu alguma experiência dolorosa em que o Senhor consolou seu coração?

Como nossas experiências de tristeza e luto podem ser ressignificadas, para amadurecimento, louvor a Deus ou cuidado com outros?

Pai celestial, diante do Senhor coloco a vida de quem está lendo este devocional. Revela-te de maneira especial a essa pessoa, que Tu abras os olhos espirituais dela a fim de que ela possa usufruir das maravilhas que o Senhor tem preparado para ela. Concede a ela toda a perseverança, confiança e fé necessárias para te buscar em todo o tempo e experimentar o Teu extraordinário amor. Em nome de Jesus, amém!

Direcionamento do alto

Pois o Senhor *concede sabedoria;*
de sua boca vêm conhecimento e o entendimento.
Ele reserva o bom senso aos honestos e
é escudo para os íntegros [...] As escolhas sábias
o guiarão e o entendimento o protegerá.
PROVÉRBIOS 2:6-7,11

Nossa história com nosso filho, Nicolas, resume-se ao cuidado e direcionamento perfeitos de Deus. Desde pequeno notávamos que ele possuía algumas habilidades a mais que outros bebês da mesma idade. Por exemplo, com 1 mês já balbuciava muito e reproduzia muitas expressões, com 11 meses aprendeu a fazer sinal de "positivo" com os dedinhos (crianças com 2 anos têm dificuldade de fazer isso), com 1 ano e 2 meses pegava no lápis corretamente e fazia círculos perfeitos (já tinha a coordenação motora fina muito bem desenvolvida), e desde os 2 anos e 6 meses faz desenhos incríveis, inclusive com detalhes de movimento, sombreamento e profundidade. Entretanto, apesar de tantos sinais, evitávamos fazer comparações e dizíamos que ele era "apenas inteligente". Com o tempo começaram a surgir algumas dificuldades, como a demora em adaptar-se à escolinha e a timidez para se relacionar e interagir com outras crianças. Ele sempre ficava brincando sozinho no "mundinho" dele. Nicolas também sempre foi muito sensível a dores físicas, como também a questões emocionais, então ele sempre chorava aparentemente sem motivo.

Com muita oração, quando ele tinha 1 ano e 6 meses, mudamo-nos para uma nova igreja e começamos a fazer novas amizades ali. Quando o Nicolas completou 3 anos, tivemos mais um lindo menino, o Daniel; diante desse acontecimento, conseguimos uma vaga em uma creche pública para o Nicolas. Inicialmente ficamos felizes, pois parecia que com isso reduziríamos o custo da escola particular. Orando e pedindo confirmação ao Senhor, fomos até a creche para fazer a matrícula. Chegando lá, o nosso coração ficou incomodado ao descobrirmos que a turma teria 30 crianças, sendo muito maior do que a da creche onde ele já tinha tido tanta dificuldade de integração. Como o Nicolas se adaptaria? Vieram muitas outras dúvidas, deixando o nosso coração ainda mais temoroso. Então, por compreendermos que aquelas aflições eram uma resposta, renunciamos à vaga, certos de que o Senhor cuidaria do nosso suprimento financeiro. Alguns meses depois recebemos propostas de empregos muito melhores, com bons salários, incluindo o benefício de auxílio creche. Foi incrível!

Certo dia, um casal de amigos da igreja começou a nos alertar dizendo que o Nicolas claramente possuía habilidades especiais, eles enxergavam isso devido à filha deles mais velha ser superdotada. De certa forma, tentamos por algum tempo negar os sinais, mas de tanto ouvir os amigos e de ver que nosso filho entrava em pânico quando o deixávamos na classe infantil da igreja, resolvemos investigar. Recebemos então o diagnóstico de superdotação (AH/SD). Descobrimos que o Nicolas tinha um QI altíssimo e que, quanto maior o QI, maior a assincronia, ou seja, maior a instabilidade emocional (uma hora parece ser um adulto, outra hora um bebê). E tudo isso explicava a timidez, a dificuldade em socializar-se, os choros excessivos que para nós eram sem motivo. Contudo, neurologicamente as dores emocionais e físicas são verdadeiras, pois a sensibilidade dele é muito maior. A partir daí, começamos a aprender a lidar com todas as questões e ainda estamos aprendendo! Finalmente, com 5 anos e 8 meses, ele começou a participar da classe infantil da igreja, com o auxílio de uma equipe direcionada para crianças atípicas.

Entregar todo o controle da nossa vida ao Senhor é uma tarefa constante que exige fé, pois esse controle envolve deixar que Ele conduza todas as decisões. Reconhecemos que Ele nos direcionou em todo tempo, na mudança para uma nova igreja, na renúncia da vaga daquela creche (posteriormente entendemos que no caso do Nicolas, quanto menor a turma, melhor), no estreitamento da amizade com pessoas que nos fizeram ter um olhar apropriado e nos incentivaram a procurar um diagnóstico, na paciência e busca por ajuda de pessoas certas para que ele gostasse da classe infantil da igreja, dentre outras inúmeras situações.

Sim, o Senhor guia aqueles que o temem e guardam os Seus mandamentos, como está descrito em Provérbios 2. Mesmo sendo nós pobres pecadores, Deus, em Sua infinita misericórdia, nos dá discernimento e o bom senso sobre todas as coisas. Como somos gratos a Deus por estarmos em uma igreja séria e sobretudo bíblica, que também se preocupa com as crianças e que inclusive criou uma equipe específica para cuidar das atípicas. Como somos gratos pelo abençoado círculo de amigos que temos, pelos nossos empregos e pela condição de pagar uma boa escola, que tem um cuidado e olhar bem individualizado para cada criança.

Se você perceber algo que parece ser diferente em seus filhos, vale a pena investigar. Isso pode ser um alerta do Senhor! Se há algo que esteja preocupando você, vale a pena deixar isso nas mãos do Único que sabe de tudo. Não faz sentido se inquietar à toa e errar por decidir sozinha quando há um Pai que está sempre à sua disposição para ajudá-la se você o buscar de todo o coração. O Pai celestial está presente e age além do que nossos olhos podem ver. Deus é bom!

Caroline, mãe do Nicolas

Para refletir

Quais pessoas ao seu redor são boas conselheiras, ajudando-a a tomar boas decisões?

Os ambientes que você frequenta são positivos para você e sua família? Há algo que precise mudar?

Você já foi guiada por Deus em alguma escolha? Há alguma situação hoje para a qual você precise de direcionamento?

Senhor Deus, agradeço-te por seres tão bom e fiel conosco, mesmo sem merecermos. Como é bom saber que podemos contar contigo em qualquer situação! Como é bom crer que podemos confiar e entregar tudo o que somos e tudo o que temos a ti. Pai, aumenta a nossa fé e a nossa capacidade de estarmos atentas àquilo que queres que façamos. Que tenhamos ouvidos sensíveis a Tua voz, e aprendamos a meditar na Tua Palavra a fim de entender o que o Senhor quer que saibamos, que tenhamos discernimento e bom senso acerca de todas as coisas terrenas e espirituais. Agradeço-te por cuidar de tudo, até mesmo daqueles detalhes que parecem ser tão pequenos e simples. Que em ti possamos aprender verdadeiramente a descansar. A ti seja toda honra, toda glória e todo louvor. Em nome de Jesus, amém!

Presente inigualável

Eu lhes deixo um presente, a minha plena paz. E essa paz que eu lhes dou é um presente que o mundo não pode dar. Portanto, não se aflijam nem tenham medo.

JOÃO 14:27

Tive uma gestação tranquila, sem intercorrências, porém no parto cesárea algo mudou. Meu filho não chorou imediatamente, estava cansado e com hematomas. As coisas saíram fora do esperado.

Não sabíamos qual era o diagnóstico nem a gravidade. Aquele cabelinho preto espetado, não pude tocar. À noite, vi meu filho passando no corredor, dentro da incubadora, indo para a UTI de outro hospital. No quarto em que eu estava, outras mães amamentavam seus bebês.

Para mim, era um momento de medo e de muitas incertezas, porém a presença de Jesus, mediante o agir do Espírito Santo, me dava paz, como Deus prometera em Sua palavra: "Eu lhes deixo um presente, a minha plena paz. E essa paz que eu lhes dou é um presente que o mundo não pode dar. Portanto, não se aflijam nem tenham medo" (JOÃO 14:27). Eu sentia paz, mesmo sem entender o que estava acontecendo, pois sabia que o Senhor estava cuidando de nós. Obviamente, em minha humanidade, passei por altos e baixos. Entretanto, quando recebia alguma notícia ruim, o Senhor me trazia à memória que Ele estava no controle de tudo, e que eu precisava confiar e entregar os meus medos, minhas angústias, minhas preocupações a Ele.

A Bíblia traz uma lista daquilo que o Espírito Santo produz no coração daqueles que creem em Deus e no Seu Filho Jesus. "Mas o Espírito produz este fruto: amor, alegria, paz, paciência, amabilidade, bondade, fidelidade, mansidão e domínio próprio" (GÁLATAS 5:22-23). Nesses versículos, vemos que o habitar do Espírito Santo em nós produz a paz. A paz proveniente do Espírito Santo não significa *ausência* de problemas, dificuldades, inquietações ou questionamentos, mas ela nos traz a *certeza*, de todo coração, que a nossa vida e tudo o que a envolve está segura em Deus.

Hoje posso afirmar que, durante esses 11 anos, nossa família viveu muitos recomeços e desafios relacionados à saúde, mas também muitos milagres na vida do Caio. Passamos por situações inexplicáveis e vimos muitas pessoas se movendo para nos abençoar em oração. Em tudo isso, Deus esteve e está conosco! Ele nos dá a Sua preciosa paz em meio às tempestades da vida.

Bruna Fernanda, mãe do Caio

Para refletir

Sua alegria já foi ameaçada por ver outras mães aparentemente bem quando algo na sua maternagem não vai bem?

___

___

___

___

___

Você precisa de algum desses frutos do Espírito em sua vida: amor, alegria, paz, paciência, amabilidade, bondade, fidelidade, mansidão ou domínio próprio?

Você já experimentou paz mesmo em meio ao caos? Gostaria de pedir que Deus lhe desse esse presente hoje?

Pai, agradeço-te pelos Teus ensinamentos e por Tu caminhares comigo. Dou-te graças por me pedires para confiar e entregar tudo a ti, assim, em tempos de desesperança, Tu me deste a Tua paz. Meu Pai, meu amigo, que o Teu Espírito Santo sempre me lembre de que Tu estás junto a mim e de que Tu estás sempre no controle. Em nome de Jesus, amém!

Busquei o Senhor, *e ele me respondeu;*
livrou-me de todos os meus temores. Os que olham
para ele ficarão radiantes; no rosto deles
não haverá sombra de decepção. Clamei ao Senhor
em meu desespero, e ele me ouviu; livrou-me
de todas as minhas angústias. O anjo do Senhor
é guardião; ele cerca e defende os que o temem.
Provem e vejam que o Senhor *é bom!*
Como é feliz o que nele se refugia!
Temam o Senhor, *vocês que lhe são fiéis, pois os*
que o temem terão tudo de que precisam. [...]

O Senhor *ouve os justos quando clamam por*
socorro; ele os livra de todas as suas angústias.
O Senhor *está perto dos que têm o coração*
quebrantado e resgata os de espírito oprimido.
O justo enfrenta muitas dificuldades, mas o
Senhor *o livra de todas elas.*

SALMO 34:4-9,17-19

Você não está só!

Esta é minha ordem: Seja forte e corajoso!
Não tenha medo nem desanime,
pois o Senhor, seu Deus, estará com você
por onde você andar.
JOSUÉ 1:9

Há 29 anos, nasceu o Fernando, à primeira vista um menino forte e saudável. Percebíamos alguns traços diferentes nele, mas demorou dois meses até termos um diagnóstico definitivo em mãos. Nesse tempo passei por um processo de negação, acreditando que meu filho não tinha deficiência alguma, apesar das evidências.

Depois que recebemos o diagnóstico da trissomia 21 (T21 ou Síndrome de Down), entrei em uma fase de não aceitação. Por um lado, eu amava demais aquele bebezinho tão indefeso, e meu coração doía e sentia uma angústia enorme sobre o futuro dele, se seria aceito pela família, amigos... Como seria o desenvolvimento dele? Eram muitas questões para as quais eu não tinha resposta. No fundo, eu o amava muito, mas não queria a condição com a qual ele veio.

Algum tempo depois estávamos na casa da minha cunhada, que tinha acabado de perder a visão de um dos olhos. Uma frase que ela disse virou uma chave dentro de mim: "Graças a Deus que eu ainda tenho a outra vista!". Fiquei envergonhada comigo mesma, pois eu não tinha perdido nada, tinha ganhado um filho que apenas precisava de mais atenção e cuidado. A partir desse dia e com essa mudança de mentalidade, tudo ficou mais fácil.

Nessa caminhada, entre altos e baixos, sei que o Senhor sempre esteve comigo! Era Ele quem me dava forças quando estava me sentindo fraca, que me conduzia em meio às dúvidas e medos que eu sentia. Muitas vezes, Deus usou pessoas preciosas, leituras, palavras de incentivo e principalmente a Sua palavra, a Bíblia, tão cheia de promessas de esperança para me encorajar.

Nessa caminhada, entre altos e baixos, sei que o Senhor sempre esteve comigo!

Quando meu marido foi diagnosticado com câncer, a doença já estava em um estado bem avançado, e não havia muito que pudesse ser feito, a não ser proporcionar alguns cuidados paliativos. O mundo desabou ao nosso redor, mas naqueles dias de dor, impotência e medo, os braços de Deus nos seguraram; Ele nos guardou enquanto andávamos pelo vale da sombra da morte. Depois que meu amado partiu e se encontrou com Jesus, o Senhor nos consolou com a certeza de que ele estava em um lugar muito melhor. O Senhor foi a nossa força e o nosso refúgio naqueles dias tão difíceis para nós.

Durante todo esse percurso, vi o cuidado de Deus. Ele prometeu que nunca nos abandonará, e Ele é muito fiel em cumprir Suas promessas. De fato, o Senhor esteve conosco o tempo todo, mesmo que, muitas vezes, naquele momento, eu não tenha percebido.

Antoniete, mãe do Fernando

Para refletir

Você passou por alguma experiência que foi uma "virada de chave" na sua vivência como mãe atípica?

O Senhor promete andar conosco, até mesmo numa situação obscura como a morte. Você tem buscado essa forte e protetora companhia?

Há algum desafio em que você se sente sozinha? O que você pode fazer para passar por ele de mãos dadas com Jesus?

Obrigada, Senhor, por todo o Teu cuidado, Tua proteção e Tua fidelidade. Sou muito grata por não precisar passar pelas dificuldades sozinha! Creio que em muitas ocasiões, mesmo sem eu perceber, Tu me carregaste no colo. Peço-te, Deus, neste momento, segura pela mão aquelas pessoas que estão enfrentando as tempestades da vida, o medo e os desafios que estão diante delas. Torna-as fortes e corajosas, sabendo que Tu estás com elas em todo o tempo. Agradeço-te, Senhor, por tão grande amor e cuidado conosco. Em nome de Jesus, amém!

Deus é nosso refúgio e nossa força, sempre pronto a
nos socorrer em tempos de aflição.

Portanto, não temeremos quando vierem
terremotos e montes desabarem no mar.

Que o oceano estrondeie e espumeje!

Que os montes estremeçam enquanto
as águas se elevam!

Um rio e seus canais alegram a cidade de nosso
Deus, o santo lugar do Altíssimo.

Deus habita nessa cidade, e ela não será destruída;
desde o amanhecer, Deus a protegerá.

As nações estão em confusão,
e seus reinos desmoronam.

A voz de Deus troveja, e a terra se dissolve.

O Senhor *dos Exércitos está entre nós;*
o Deus de Jacó é nossa fortaleza.

Venham, contemplem as gloriosas obras do Senhor!

"Aquietem-se e saibam que eu sou Deus!"

SALMO 46:1-10

Há esperança para o aflito

Quando Jesus ouviu isso, disse:
"A doença de Lázaro não acabará em morte.
Ela aconteceu para a glória de Deus,
para que o Filho de Deus receba glória
por meio dela". JOÃO 11:4

Minha princesa, Giovana, quando estava com 1 ano e 6 meses, não parava em pé e tinha falta de equilíbrio, além de não aprender como as outras crianças. Então, soube que algo não era como deveria ser. Começamos as investigações, e nos resultados nada constava. Em toda a minha história, a Palavra do Senhor se fez presente, e sem ela não teria conseguido estar aqui. No início da busca por um diagnóstico, o Senhor me revelou João 11:4, afirmando que até em nossas lutas o Senhor pode ser glorificado. Esse versículo me impulsionou nessa busca, foram três exaustivos anos de procura por um diagnóstico, até que chegamos à Síndrome DUP.15q. Uma condição muito rara que acomete atraso na fala, no desenvolvimento motor e cognitivo e apresenta, em alguns casos, o transtorno de espectro autista, além de outras comorbidades.

Quando descobri esse diagnóstico foi como se o chão sumisse sob os meus pés. Quando minha filha chorava, eu não sabia mais como reagir, pois era como se ela não fosse mais a minha menina. Por alguns dias, fui à igreja desesperada e chorava sem parar. Pedi ajuda em oração, as irmãs da igreja me auxiliaram, mas eu queria saber "o porquê" de isso ter nos sobrevindo. Em certo culto, ao lermos o Salmo 23, Deus falou comigo de forma maravilhosa: "Por que você está tão preocupada? Tudo está em minhas mãos! Restaurarei seu vigor, porque eu Sou o Seu Pastor, e nada faltará a você". Ele me fez lembrar de que, alguns anos antes, eu quase morri ao fazer uma cirurgia, mas que Ele tinha me dado uma nova oportunidade de vida para criar minha filha. A partir daquele dia, recobrei minhas forças e comecei a correr atrás de atendimentos para minha menina.

Em 2021, o pai da Giovana faleceu por Covid. Meus sonhos e planos para o futuro ruíram. Como eu ficaria? E as demandas da minha filha? Como ela compreenderia que o Senhor havia recolhido o pai dela? Sentia-me como se eu mesmo estivesse morta, como uma árvore cortada. O Senhor falou comigo na Sua Palavra: "Feliz é quem confia no SENHOR, cuja esperança é o SENHOR. É como árvore plantada junto ao rio, com raízes que se estendem até as correntes de água. Não se incomoda com o calor, e suas folhas continuam verdes. Não teme os longos meses de seca, e nunca deixa de produzir frutos" (JEREMIAS 17:7-8). Crendo nessa palavra fui surpreendida pelo amor de Deus, pois a igreja me acolheu e me ajudou, e a Gi conseguiu entender, do jeitinho dela, que o papai agora estava com Jesus. O Senhor recolheu o seu pai biológico, mas por Sua infinita bondade proveu "papais" para a Gi, pois ela encontrou colo, carinho e consolo no ministério de adolescentes de nossa igreja. O Pai celestial preencheu minha vida com pessoas maravilhosas, cada um sendo "o verdadeiro amigo [que] é mais próximo que um irmão" (PROVÉRBIOS 18:24). Hoje tenho um marido, uma bênção de Deus em minha vida, que desempenha o papel de pai para a Gi.

Em 2023, a Giovana fez 15 anos, e fiz uma festinha na igreja para comemorar tudo o que o Senhor fizera na vida dela até ali.

Naquele dia especial, antes de orar pela vida dela, declarei uma palavra a ela que a compartilho com você:

"Filha, você foi para mim a força quando já não tinha, você foi meu ânimo e minha luz quando meus dias eram mais cinzentos. A Palavra do Senhor diz que há esperança para a árvore, pois 'se for cortada, voltará a brotar e dar novos ramos. Ainda que as raízes tenham envelhecido na terra e o tronco esteja podre, com o cheiro da água, voltará a brotar e dar ramos, como uma planta nova' (JÓ 14:7-9). Você foi o cheiro das águas para mim! Deus me deu você porque sabia de tudo que eu passaria, e você me ajudaria a vencer, a ter forças para me levantar da cama para prosseguir, para dirigir sem ter a prática, pois eu tinha que levá-la aos atendimentos. Filha, seu amor é incondicional, você é incontaminável, você demonstra o amor de Deus nesta Terra. Você ama, sem discriminar se a pessoa é bonita ou feia, se ela tem dinheiro ou se não tem, se ela tem um cargo poderoso ou se é simples, se ela está cheirosa ou não. Não peço que Deus a cure, pois sou eu quem precisa de cura, para poder ter essa centelha do amor de Deus que vejo em você. Oro para que eu possa ajudar você a realizar seu ministério nesta vida e que eu não atrapalhe o que o Senhor deseja fazer por intermédio da sua vida. Eu amo você!"

Essas foram as minhas palavras à Giovana. Não sei se ela compreendeu tudo o que falei a ela, mas foram as palavras mais sinceras que já proferi. Eu creio que nossos filhos têm um propósito de vida enorme, mesmo com suas limitações. Sei que passamos por momentos de grandes aflições, mas se buscarmos a Deus de todo o coração, Ele nos ouvirá e nos socorrerá quando precisarmos, pois Ele é fiel.

Andressa, mãe da Giovana

Para refletir

No que seu filho é fonte de motivação, aprendizado ou inspiração para você?

Como você entende o versículo que diz que quem confia em Deus é "como árvore plantada junto ao rio" (VEJA SALMO 1 E JEREMIAS 17:7-8)?

Existem outros adultos que possam ajudar na criação de seus filhos? Se não, onde os encontrar?

Senhor, acalenta neste momento o nosso coração, pois não é uma tarefa fácil arcar com tamanha responsabilidade. Sustenta-nos, consola-nos e concede-nos paciência, ânimo, refrigério e forças para enfrentar as lutas diárias e para entender, a cada dia, o Teu agir. Manifesta a Tua presença em nossos dias! Ajuda-nos a caminhar e seguir com a certeza de que Tu estás ao nosso lado. Essa é a oração que te faço. Em nome de Jesus, amém!

Do luto à luta!

Pois estou prestes a realizar algo novo.
Vejam, já comecei! Não percebem?
Abrirei um caminho no meio do deserto,
farei rios na terra seca.
ISAÍAS 43:19

Maternal, babá, assim se resumiu minha infância e adolescência; cuidei de muitas crianças. Naquela época, tinha três sonhos bem consolidados em minha mente: ser professora, casar e ter uma filha. Aos 20 anos, iniciei minha primeira formação acadêmica, em Pedagogia com habilitação em educação especial, e vi que meu amor pelas crianças se estenderia à minha carreira profissional. O sonho se concretizou, lecionei em escolas de ensino regular e de ensino especializado.

Quatro anos depois, conheci o meu ex-marido, pai do meu sonho cor de rosa. Aos 26 anos, descobri que a maternidade não seria algo tão natural para mim, pois meu histórico de saúde feminina não me permitia ser mãe. Passei cinco anos orando como Ana (veja 1 Samuel 1), e por vezes a esperança se dissolvia, mas a fé me fortalecia. Questionava Deus: "Logo eu, que sempre fui maternal! Por que o Senhor não me abençoa com um filho?". Lutei com o sentimento de impotência, e, por vezes, não me achei merecedora dessa graça. Mas, no ano de 2014, o tão esperado *Beta hCG* positivo chegou! Foi o dia mais feliz da minha vida.

No terceiro mês de gestação, durante uma ecografia, recebemos a informação que o nosso bebê estava com má formação, indicativa de uma condição rara chamada Síndrome de Edwards. Quando saímos do consultório médico, parecia que um buraco no chão se abria à minha frente. Sem conseguir absorver muito bem o que me disseram, eu telefonei e relatei a situação à minha obstetra. Ela então sugeriu que eu fosse pessoalmente a seu consultório. Após pouco mais de dez minutos de consulta médica, saí ainda mais arrasada; ela me explicou do que se tratava a síndrome e comentou que, se eu morasse em outro país, teria o direito de retirar o bebê legalmente, uma vez que a expectativa de vida fora do útero seria de poucos dias. Aquela terça-feira, 29 de julho de 2014, foi um dos piores dia da minha vida, um que não consigo esquecer. Apesar disso tudo, a gestação foi tranquila, quase sem intercorrências. Tive muita disposição para fazer tudo que uma mãe de primeira viagem deseja: *book* fotográfico, enxoval rosa, chás de bebê (sim, tive vários! Fui muito mimada e amada por todos). Era uma grávida que comia de tudo e estava fora do peso ideal; contudo, ainda assim, achava-me linda e amava tirar fotos do barrigão em frente ao espelho.

A realização do meu sonho cor de rosa aconteceu em 28 de janeiro de 2015. Que felicidade! Em um quarto de hospital, Mariana foi recepcionada por 17 amores, entre avós, tios, primas e amigos. Como tínhamos as informações, do pré-natal, sobre a possível síndrome, eu via nos olhares de todos que nos visitavam um misto de alegria e medo. Durante a gestação, eu tive a opção de realizar um exame invasivo para que pudesse confirmar a deficiência, mas, após receber esclarecimentos do risco de aborto, optei por não o realizar.

Minha passarinha nasceu, com várias comorbidade associadas a síndrome de Down (T21). Espera, não era Edwards? A suspeita da ecografia não se confirmou após o nascimento da Mariana. Pois foi feito um exame clínico, e pudemos comprovar que era T21. Ufa!

Ainda assim... dúvidas, medos, choros, tudo fez parte de mim, da saída da maternidade até a chegada a nossa casa. Em silêncio no meu quarto, lembro-me de que fiz uma pequena oração, sem muita força para falar:

—Por que comigo, Pai? O que eu fiz de errado?

—Ei, eu a capacitei para isso. Você me pediu uma filha, não é mesmo?

Engoli o choro, com esse pensamento em minha mente. Passados 15 dias do nascimento da Mariana, chegaram a depressão pós-parto, o abandono parental, a insuficiência respiratória, a cardiopatia congênita a ser operada, o divórcio. Meu Deus!

Do luto à luta. No meu quarto de guerra, orando ao Senhor, novamente interroguei a Deus, e recebi esta palavra:

—A minha graça irá se manifestar na sua vida, por meio da vida da Mariana. Pronto!

Tive o apoio do meu pai, da minha madrasta e da minha avó (*in memoriam*) sempre presentes, às vezes até dormiam abraçados comigo. Que saudades! O medo e a dor eram insuportáveis. Mas eu aprendi que Deus tem um propósito para tudo. Então, me vinha o pensamento: *estudei sobre síndromes na faculdade, lecionei para crianças com necessidades especiais*. Mesmo naquele momento difícil, pude enxergar em detalhes o cuidado de Deus sobre todas as coisas que estavam postas diante mim. No passado, Ele tinha me preparado para que eu pudesse vivenciar minha maternidade atípica. Fácil? Não! Mas a Bíblia nos ensina: “Seja forte e corajoso! Não tenha medo nem desanime, pois o SENHOR, seu Deus, estará com você por onde você andar” (JOSUÉ 1:9).

Minha passarinha tem 9 anos e já realizou diversos procedimentos cirúrgicos, vários internamentos decorrentes da sua imunodeficiência pulmonar e cardiopatia. Já vencemos algumas guerras em silêncio, sempre crendo que Deus é quem luta por nós. Vivencio diariamente a graça e o amor de Deus, sob Seu cuidado, lembrando-me detalhadamente do que Ele fez e faz na nossa vida.

Por causa da vida da Mariana, Deus trouxe muitas coisas novas para minha vida. Surgiu uma nova profissão para a Adriana, novos estudos acadêmicos, e nasceu o serviço na igreja para a inclusão de crianças atípicas. Com essa minha trajetória, nasceu uma mulher forte, corajosa, que aprendeu que recomeçar é um ato de coragem e se reinventar é um ato de necessidade. Assim, nasceu a mãe que eu sempre desejei ser.

Adriana, mãe da Mariana

Para refletir

Você já se sentiu movida do luto à luta? O que lhe dá forças para batalhar por sua família?

____

____

____

____

____

O que Deus pode trazer de novo, como um rio em meio ao deserto, em sua vida? Como buscar esse agir divino?

____

____

____

Você precisa tomar alguma ação hoje para desenvolver algo novo em sua vida (estudos, profissão e renda, autoestima, saúde emocional ou outros)?

____

____

____

____

____

Senhor Deus, obrigada por revelares Teus propósitos para a minha vida por intermédio da vida da minha filha. Eu creio que ela é prova do Teu amor! Louvo o Teu nome por saber que a vida de cada criança, com ou sem deficiência, existe para manifestar o Teu amor e a Tua graça. Ajuda a cada mãe atípica a crer que as fases difíceis passam e que Tu nos sustentas em todas as lutas. Em nome de Jesus, amém!

O cuidado do Senhor

Entreguem-lhe todas as suas ansiedades,
pois ele cuida de vocês.
1 PEDRO 5:7

Casados há 24 anos, sempre tivemos o desejo de ter filhos. Quando começamos a preparação para sermos pais, demorou mais do que previamos, foi um tempo de espera, alegria e dor. Tivemos gestações interrompidas e nenhum diagnóstico que indicasse o motivo das perdas, o que nos trazia inúmeros questionamentos. Vencemos a dor e o luto, e o sonho permaneceu intacto. Não desistimos de tentar um filho biológico, mas entramos com o pedido para adoção. Os dois processos andaram juntos, eram iguais no nosso coração, a expectativa era por ambos. Em determinado momento, em virtude de uma grave doença que meu marido teve, os planos foram interrompidos, e assim fomos obrigados a solicitar uma pausa no processo de adoção. Física e emocionalmente não nos encaixávamos nas exigências da Vara da Infância. Nosso tempo de espera na fila durou mais ou menos 8 anos, durante esse período preparei muitas coisas: quarto, roupinhas, brinquedos. Era o meu tempo de aprender a confiar antes de enxergar, e isso se chama fé. Não foi fácil esperar tanto tempo. Sofri bastante, mas aprendi muito; o Senhor nos fortaleceu durante as turbulências que tivemos no percurso. Com isso, aprendemos que o tempo de Deus nem sempre é o nosso e que tudo tem um propósito; aprendemos também a orar e a agradecer pela vida de quem ainda não conhecíamos.

Certo dia, subitamente, senti uma necessidade muito grande de ir à Vara da Infância verificar o processo, atualizar alguns dados, saber o andamento. Para mim, aquela semana era o prazo que tínhamos de fazer aquilo. Meu marido dizia que era coisa da minha cabeça e não havia nada a ser atualizado, que precisávamos esperar. Insisti e, numa segunda-feira pela manhã, fomos à Vara. Chegando lá, fomos informados que não atendiam pela manhã, então fomos para o trabalho e combinamos de voltar no horário informado. Porém, naquele mesmo dia às 12:22, recebo uma ligação — número identificado: Vara da Infância! Meu coração começou a bater forte. Com uma voz doce e tranquila, a psicóloga perguntou se eu poderia conversar um pouquinho, e eu disse que sim ("Aliás, hoje mais cedo, passamos por aí"). Quando ela perguntou por que havíamos ido lá, comentei sobre o meu sentimento de que devíamos atualizar nossos dados e sobre a sede por novas informações. Então ela disse: "Luciane, que boa notícia! Que sintonia! Tem uma criança com o perfil de vocês. Podem retornar?". Comecei a chorar e não sabia se sentava ou ficava em pé de tão nervosa!

Telefonei para o meu marido: "Amor, adivinha quem me ligou? A Vara da Infância!". Contei da conversa e ele, surpreso e empolgado, disse-me a frase que ficou marcada no meu coração: "Meu amor, você estava em trabalho de parto no fim de semana". Sim, eu passei o final de semana em trabalho de parto! O Senhor me deu esse privilégio. Entendi depois que era o Espírito Santo nos preparando para o momento tão desejado. Chegando lá, antes de começar, ligamos para nossa mentora e madrinha do nosso filho, que orou conosco. Naquela tarde ficamos mais ou menos 5 horas ouvindo e lendo sobre o processo, conhecendo toda a história do nosso amado filho. Não foi fácil digerir tantas coisas e ao mesmo tempo pensar que uma criança com histórico delicado mudaria a perspectiva de nossa vida, levando-nos ainda mais aos pés da cruz. Pudemos conhecer a história do Rafael: um menino surdo bilateral, com implante coclear no ouvido esquerdo, que com 4 aninhos ainda não era oralizado. O Senhor encheu nosso coração de paz: "Eu lhes deixo um presente, a minha plena paz. E essa paz que eu lhes dou é um presente que o mundo não pode dar. Portanto, não se aflijam nem tenham medo" (JOÃO 14:27). O nome do nosso filho em hebraico significa "Deus cura".

Mais uma vez, o Senhor nos surpreendeu. O Rafinha tem muito de nossos traços, a semelhança é incrível! Apesar disso, a questão de semelhança não era algo relevante para nós, visto que, em nosso coração, o nosso anseio era simplesmente sermos pais. A adoção é um ato de amor, não uma caridade. O meu desejo sempre foi de pegar meu filho no colo, e o Rafinha chegou para nós pequenininho, como desejei e pedi a Deus.

Durante todo esse processo, ouvia muito uma canção cujo coro mantinha em meu coração: "É meu, somente meu, todo o trabalho, e o teu trabalho é descansar em mim". Essa canção me confortava, afirmava dentro de mim que é Deus quem comanda as estações e os ciclos da nossa vida. Jesus mudou a história da vida do Rafael, mudou a nossa história, tornou-me a mãe dele. Eu não tenho palavras para agradecer a Deus por tudo o que Ele fez e faz por nós, por toda a trajetória da minha família e os ensinamentos que Ele nos proporcionou até aqui. A Deus toda a honra e toda a glória, por Ele me adotar primeiro, me ensinar sobre esse amor e me dar o privilégio de ser mãe do Rafael.

Peço a Deus que Ele toque o coração de você, que está lendo este texto, e que o seu olhar perante a vida e suas atitudes sejam transformadas, dando lugar ao renovo proveniente de Deus. Permita que Ele mude a sua história. Deus é bom! Trilhe novas perspectivas e descanse nele, pois Ele cuida de tudo aquilo que a preocupa.

Luciane, mãe do Rafael

Para refletir

Que lições você obteve em tempos de espera?

Como entregar a ansiedade a Deus?

Você conhece famílias unidas pela adoção ou que vivem essa espera? Como você pode apoiá-los?

Senhor, honestamente, o meu desejo hoje é que todas as minhas orações sejam respondidas, mas sei que Tu queres que eu seja paciente e que espere em ti. Entrego a ti as minhas preocupações e deixo o resultado em Tuas mãos. Fala ao meu coração as coisas que preciso ouvir neste momento de espera. Ajuda-me a descansar em ti ciente de que o Teu tempo é perfeito e justo. Em nome de Jesus, amém!

Um chamado "deficiente"

"Porque eu sei os planos que tenho para vocês",
diz o Senhor. *"São planos de bem, e não de mal,*
para lhes dar o futuro pelo qual anseiam."
JEREMIAS 29:11

Sempre tive dificuldades de me sentir "parte do meio" por ser canhota e ter a língua presa. Para você, isso pode não significar nada, mas sempre me senti incapaz, inferior aos outros por conta dos comentários e piadas diárias. O que eu não imaginava era que o Senhor estava me preparando para um chamado diferente e que usaria minha descendência para completar o Seu plano e o Seu chamado para mim. Quando falamos de chamado ou vocação, logo nos vem à mente viagens missionárias, púlpitos e ministrações que impactam auditórios, e esquecemos que chamado é a nossa vida diária com Deus. Nada melhor do que Ele criar um chamado por meio daquilo que teremos que lidar diariamente! Ao longo dos anos, Ele abriu portas e fui líder de louvor por 17 anos em uma igreja evangélica em Curitiba, e nesse período me tornei mãe de três lindas filhas: Michelle (17), Nicolle (15) e Isabelle (13), carinhosamente conhecida por todos como Bellinha.

Diferentemente de muitas mulheres, meu maior sonho e foco na vida nunca foi a maternidade; e quando ela se apresentou a mim, confesso que a vi como uma ameaça ao ministério que eu pensava que era o principal chamado na minha vida. Imagine então como me senti quando a Sra. Maternidade Atípica bateu à minha porta após o nascimento da Bellinha? Minha caçula tem uma síndrome rara (síndrome da deleção do braço curto do cromossomo 8p23.1), é autista com nível 3 de suporte, transtorno bipolar e microcefalia.

Quando recebi esse diagnóstico dela em 2013, confesso que meu sentimento de estar sob ameaça se tornou ainda maior. O risco agora não era apenas para meu ministério na igreja, mas também para outras áreas da minha vida, inclusive para a maternidade típica. Como iria explicar para Michelle e Nicolle que sua irmã era deficiente? Como iriam receber e lidar com isso? E meu trabalho? Minha família? Minhas amizades? Meus sonhos?

Em meio a tantas perguntas me vi sozinha e revoltada, questionando Deus diariamente: "Por que comigo? Por que com minha filha? Por que com minha família?". Passei três longos meses brigando com Deus.

Quando Deus nos vê sozinhos e lutando com Ele, Ele vem, nos toca e nos transforma, como fez com Jacó: "Com isso, Jacó ficou sozinho no acampamento. Veio então um homem, que lutou com ele até o amanhecer. Quando o homem viu que não poderia vencer, tocou a articulação do quadril de Jacó e a deslocou" (GÊNESIS 32:24-25). Lembro-me de estar dirigindo quando ouvi nitidamente a voz do Senhor me falando: "Não me pergunte mais *por que*, e sim *para quê!*". Aquelas palavras me tocaram como o Homem tocou em Jacó!

Saí daquele encontro constrangida por Suas palavras e pedi para que Ele me mostrasse o propósito de toda aquela situação. Assim que iniciamos o tratamento da Bellinha, as dificuldades financeiras vieram com os gastos das terapias. Com o apoio de uma família muito querida, iniciamos a campanha "Deixando a vida mais Bella", a fim de levantar fundos para o tratamento dela. Para ajudar nessa captação de recursos, começamos a distribuir o devocional *Pão Diário*, um livro de meditações bíblicas diárias, com uma capa personalizada para a campanha. Foi então que Deus me mostrou o Seu "para quê"!

Por intermédio de uma garotinha com deficiência, não verbal, pessoas que nem conhecemos começaram a ouvir falar do Deus que torna a vida mais bela! Apesar das nossas aparentes limitações, Ele nos usa porque fomos criados exatamente do jeito que Ele planejou: "de modo tão extraordinário" (SALMO 139:14).

Desde 2016, quando iniciamos a campanha, 8.000 exemplares do *Pão Diário da Bellinha* foram distribuídos, e o alcance de Suas palavras continuarão reverberando em vidas que inicialmente apenas queriam ajudar a Bellinha.

Lembre-se: para muitos, nosso chamado à maternidade atípica pode parecer deficiente, mas nas mãos do Senhor, ela se transforma em glória para Ele.

Renata, mãe da Bellinha

Para refletir

Você já viu a maternidade (em especial, a maternidade atípica) como um empecilho para seus sonhos? Como você se sente em relação a isso hoje?

Deus planejou e criou cada pessoa "de modo tão extraordinário" (SALMO 139:14). Saber disso impacta a sua perspectiva sobre seu filho e sobre as pessoas com deficiência em geral?

Qual é a vocação da sua vida? O que você pode fazer hoje por esse objetivo?

Pai querido, muitas vezes questionamos, e até nos revoltamos, com aquilo que acontece conosco, por esquecermos da promessa de que Tu tens planos de bem para nós. Por isso, peço-te que abra os nossos olhos e os ouvidos do nosso coração para que estejam atentos à Tua voz. Assim, quando clamarmos a ti por respostas, estaremos prontos para recebê-las, mesmo em meio a nossa dor. Em nome de Jesus, amém!

Forte e amoroso

Mas Deus ouviu o choro do menino e,
do céu, o anjo de Deus chamou Hagar:
"Que foi, Hagar? Não tenha medo!
Deus ouviu o menino chorar, dali onde ele está".
GÊNESIS 21:17

Assim que o meu marido e eu decidimos que era hora de termos filhos, começamos a transformar nossos sonhos para essa fase em projetos. Que tipo de família seríamos? Como seriam nosso dia a dia, educação das crianças, *hobbies* em família? Quais valores gostaríamos de passar para eles, e como faríamos isso? Refletir sobre essas questões me ajudava a ficar mais tranquila em relação ao futuro, pois eu sabia muito bem que as coisas mudariam bastante — mas elas mudaram bem mais do que eu imaginava!

No final da gestação, meu filho teve uma hemorragia dentro do cérebro (um AVC), e todas as nossas expectativas precisaram ser revistas. Essa situação gerou tanto o atraso do desenvolvimento e a deficiência múltipla que ele tem, como a epilepsia e outras fragilidades de saúde que ele apresenta. Nem sempre a deficiência vem junto de uma doença ou de algum risco, porém, no caso da minha família, sim.

As lembranças do primeiro ano do Heitor são todas mescladas com bipes de equipamentos hospitalares, UTIs, visitas de médicos e de grupos de voluntários, exames, cirurgias. Esse é um ambiente que nos deixa muito inseguros, porque a todo momento somos lembrados que não temos controle sobre a situação. Tivemos algum tempo sem grandes crises de saúde, apenas a rotina cansativa de consultas e terapias. No ano em que meu filho tinha 3 anos, houve muitos internamentos e uma cirurgia por conta de questões respiratórias. No ano seguinte, várias idas traumáticas às pressas ao hospital para controlar crises convulsivas que não cessavam. No ano em que escrevo esse texto, ficamos internados apenas uma vez, por poucos dias, durante os quais tivemos o diagnóstico de diabetes (DM1). Cada um desses muitos "passeios" nos trouxe oportunidades de relembrar o quanto não somos suficientes em nós mesmos, dependendo do cuidado constante de Deus até mesmo para manter nosso filho vivo. Que desafio! A minha tendência natural é tentar resistir e vencer cada desafio sem pedir ajuda, suportando em silêncio e resignação as dificuldades até que o meu melhor esforço seja capaz de vencer o problema. Funciona para algumas coisas (embora minha saúde física e emocional acabe sempre pagando algum preço por isso). Mas, quando se trata de questões maiores do que nós, essa estratégia é péssima e sempre leva ao fracasso.

Na Bíblia, uma mãe precisou olhar nos olhos de sua própria insuficiência. Seu nome é Hagar, e ela passou por vários problemas fora de seu controle. Primeiro, ela era uma serva estrangeira que foi entregue a seu senhor, Abrão, e engravidou dele, o que a expôs aos ciúmes e maus-tratos por Sarai, sua senhora. Hagar chegou a fugir para o deserto, grávida e sozinha. O único que a consolou e a protegeu foi o Senhor, o próprio Deus, que se colocou ao lado dela e a encorajou. Alguns anos depois do nascimento do seu filho, Hagar se vê novamente sozinha e exposta aos perigos do deserto. Após usar seus recursos até o fim, ela não suporta ver a condição a que seu filho chegou: "Quando acabou a água, Hagar colocou o menino à sombra de um arbusto e foi sentar-se sozinha, uns cem metros adiante" (GÊNESIS 21:15-16).

Em um dos primeiros pós-cirúrgicos do meu filho, ele ficou muito mal. As complicações da cirurgia foram várias, e houve dias em que meu marido e eu tínhamos a convicção de que, se ele continuasse vivo, seria apenas por algum milagre de Deus. Heitor estava em um bom hospital, com bons médicos e equipes, mas ainda assim não melhorava. Não havia nada que nós pudéssemos fazer. Várias vezes, saí do hospital com o mesmo sentimento que Hagar: "'Não quero ver o menino morrer', disse ela, chorando sem parar" (v.16)

Você se sente esgotada? Talvez você tenha gastado toda as suas forças emocionais para envolver sua família e a escola no cuidado com o seu filho. Talvez você tenha investido mais dinheiro do que poderia atrás de algum exame específico, necessário para fechar um laudo, ou com medicações e terapias de uso contínuo. Talvez quem deveria cuidar de seu filho com você a tenha abandonado com a criança, sem se preocupar se as necessidades estão todas cobertas. É verdade, a situação está fora do seu controle. Se esse é o seu quadro, saiba que o Senhor Deus, que criou você e sua família, deseja ser o Pai que sustenta você e realiza o que é humanamente impossível.

Sabe como termina a fuga de Hagar? "Mas Deus ouviu o choro do menino e, do céu, o anjo de Deus chamou Hagar: 'Que foi, Hagar? Não tenha medo! Deus ouviu o menino chorar, dali onde ele está.' [...] Então Deus abriu os olhos de Hagar, e ela viu um poço cheio de água. Sem demora, encheu a vasilha de água e deu para o menino beber. Deus estava com o menino enquanto ele crescia no deserto" (vv.17,19). O Senhor Deus cuidou da mãe e do filho, transformando aquele momento desesperador em um ponto de virada na vida deles.

Você não gostaria de confiar a sua família às mãos de Deus hoje? Ele é amoroso demais para ser indiferente e forte o suficiente para resolver o que está fora do seu controle!

Marília, mãe do Heitor

Para refletir

Você prefere ter controle sobre as situações, ou prefere viver mais espontaneamente?

Saber que Deus enxerga e escuta você e os seus amados muda a sua postura diante da vida?

Como confiar no cuidado poderoso de Deus hoje? Como demonstrar isso de forma prática?

Pai querido, meus problemas são maiores do que a minha capacidade de resolvê-los. Eu te agradeço por saber que não há coisa alguma difícil demais para ti. Nada te pega de surpresa! Por favor, cuida hoje da minha família e da família de quem está lendo este texto. Ensina-nos a sempre confiar em ti, que és o Deus presente, amoroso e fiel. Em nome de Jesus, amém!

As autoras:

Adriana Kawalkievicz, mãe da Mariana (com T21, isto é, Síndrome de Down)

Ana Paula El Ajouri, mãe da Rebeca, do Davi e da Mariana (com T21)

Andressa Marchiorato, mãe da Giovana (com síndrome rara DUP.15q)

Antoniete Schuarts, mãe do André, da Monique e do Fernando (com T21)

Bruna Fernanda Rigo (com TEA e TDAH), mãe do Caio (com síndrome rara SCID, TEA e deficiência múltipla)

Carla Diógenes, mãe do Miguel e da Raquel (com T21)

Caroline Palestino, mãe do Nicolas (com AH/SD) e do Daniel

Célia Souza, mãe do Raphael, da Gabriela e do Armando (com paralisia cerebral)

Cintia e André Otsuki (com TEA), pais da Helena e do Vitor (com TEA)

Claudia Maria da Silva, mãe do Joaquim (com TEA)

Daniele Stoffella, mãe do Daniel e da Julianne (*in memoriam*; teve paralisia cerebral)

Eridan Magalhães, mãe da Angelina, da Micaela e da Zoe (*in memoriam*; teve Síndrome de Patau)

Fabiana Nathalie (com AH/SD), mãe do Daniel (com TEA e AH/SD)

Grace Barbosa, mãe da Julia (diagnosticada por ora como AH/SD) e da Ester

Kariane Bender, mãe da Ana Luiza (com TEA e DI) e do Pedro (com AH/SD)

Karina Ruaro, mãe da Carolina (com T21) e da Mariana
Letícia Canalli, mãe do Vicente (com TEA e TDAH)
Luciane Fernandes, mãe do Rafael (surdo)
Luciane Cunha, mãe da Beatrice (com TEA e AH/SD)
Marcia Gavron, mãe da Bruna, do Eduardo e da Sophia (com TEA e *Alkuraya Kucinskas*)
Maria Nilsen Moura, mãe da Tanya e da Jaqueline (com paralisia cerebral)
Maria Tereza Bianchine (com TDAH), mãe do Luís Felipe (com TEA e TDAH)
Marília Lara, mãe do Heitor (com paralisia cerebral e deficiência múltipla)
Martha Albareda, mãe da Clara, do Matheus (com TEA) e do Benjamin
Mayana Sousa, mãe do João (com TEA e TDAH) e da Isabela
Patrícia Lourenço (com TDAH), mãe da Ana Laura (T21) e do Lucas (com AH/SD)
Renata Francisco, mãe da Michelle, da Nicolle e da Bellinha (com síndrome rara DEL 8p23.1, TEA e bipolaridade)
Tatiane Freire (com AH/SD), mãe do Jonathan (com AH/SD) e da Larissa (investigando se há neurodivergência)
Thais Gonzaga, mãe da Ana Beatriz (com TEA, AH/SD e TDAH) e da Laura
Viviane Reis, mãe do Henrique, do Thiago (ambos com TEA e TDAH) e da Laura